覺悟

王逸東 著

作者簡介

作者王逸東是一位普通的香港市民，卻因七年間長期透過內心省察，發現了數千年來，所有智者都在提倡的天大秘密，這秘密是所有宗教的唯一源頭，這秘密亦藏於每個人的心中，卻不為人所知。每個人都能於發現此秘密而獲得前所未有的解脫，這種解脫超越了任何物質與思想。

前言

整本書只想表達一個思想，那便是人人皆可覺悟，故此以多種方式揭露它的模樣，但它是一個無底洞，因為它背後所引發的思想可說是無窮無盡、沒有盡頭，難以用邏輯思維去理解，而這個問題在書中會提及。並不需要急於理解這一本書，閱讀這本書有個特點，一通則全通，一章不通則全書不通，即使有某一處感覺能夠理解，但其他內容卻完全摸不著頭腦，那便代表仍未發現這本書所指向的「那個」。

要完整地理解整本書，自然需要從頭看到尾，但任何一句話都有可能讓你發現整本書所披露的「那個」，因此每次閱讀，也可以隨自己喜好去閱讀自己喜好的章節。

對著這本書，不需要急於評論，因為讀者若對此書存有任何觀點，都不是這本書所希望帶來的效果。如果你看完了整本書，感覺無「話」可說，不知從何說起，那便是這本書想要得到的效果。真正的覺悟正正便是無「話」可說，不需要行為，也不需要言語。有話想說只是自己的習慣。

此書共分成三個部分，分別是覺悟前、覺悟時和覺悟後，如果以此角度去看，我這本書就像一部自傳，描述不同時間段的想法而已。

第一部分，主要以二元對立的思想特點，概括所有人在覺悟前時的各種想法，全都由二元對立的思想總和起來，主要的目的是為了提供多種不同的角度供讀者去直視心中的煩惱，去理解心中的煩惱雖然層出不窮，但歸根究底也只是一種自我束縛的思想，以二元兩字便能總括極大部分。

第二部分，描述覺悟前後數年間的經歷，對於大多數人來說，可說是平平無奇。我與所有人一樣，過著普通的生活，穿著普通的衣裳，有著平凡的背景，受著普通的教育。可我卻得到了它，使得這平凡的一切，變得不再平凡。當我仔細看清它的模樣時，幾乎想要擺到桌面上，與世人說道：「它是平等的，每個人都能在當下覺悟。」

第三部分，便已是覺悟後的生活，所思所想皆是在做減法，也時常試圖將覺悟前後的思想完全融合，將覺悟的說明書調至簡易的觀念與行動方式，甚至描繪出覺悟可能出現的未來的生活圖景，那是由我以覺悟後的心境作為參考，並相信在眾多人覺悟的情況下，會出現的畫面，將近天國的畫面。

如果讀者是一位極為喜愛思考的人，那你找對了書，這本書從第一部分至第三部分，從層次較普遍的思維方式，一層層推進，直到覺悟，直到覺悟的各種思想，直到純覺悟的思想、純覺悟的文字，於幾萬字之間跨越多個思想層次，可謂是思考的遊樂園、過山車。

當這本書交到你的手上時，它便意味著，只要你願意，你能夠明白這本書所有的內容。一切從七年前的一場悲劇開始，當時我連基本的邏輯思考也不具備，卻因書中所提及的種種因素，僅在幾年之間便超越了對立。平凡的我，卻能過著內心極為解脫與清淨的生活，並持續獲得了一切矛盾背後的答案，再也難陷入泥沼中。為什麼？這本書會給予最直接的答案。

目錄

覺悟時

第三部

覺悟後

第四部

覺悟前

第一部

第一章・人生

我的人生在社會價值觀中而言，僅僅是剛剛開始，不過我因過著「自己」的人生，在「自己」的世界裡找到了出路，這個出路，與所有人的出路是相同的。

雖然，所有人在到達出路前的世界都不相同，但一切無常的變化，都是假象。那是由恐懼演化而來的複雜現象，看似雜亂無章、摸不著頭腦、抓不住定律，黑與白、好與壞難以區分，但這一切的答案都將會被解答。

沒有任何人能夠用恐懼而來的思維模式，來告訴他人，如何獲得解脫。唯有真正解脫的人，感受過那種遠離顛倒是非黑白與恐懼的「超越性」的真實，才能以解脫的角度說出正確的答案。

人生該怎麼走？這道題困擾著所有的人，每個人都在為人生尋找方向。

這本書將會告訴你，「想要尋找」的這個念頭，便已經錯了。

真理實相每時每刻都與你在一起，你隨時隨地都能得到一切以及智慧。但卻因為你產生了「想要尋找」的這個念頭時，你的心中因恐懼而無法感受到當下的真理實相。

每時每刻都是你覺悟的最佳時機，只要你看到了這本書，想要理解這本書，想要在這本書中得益，一切都不會晚，過去所有的束縛也即將會被解開。

人生就像一個迷路的旅途，每天都會有意、無意地往背包裡塞了許多不必要的想法，當這些想法實現時，又驚慌失措。但只要從這個旅途中醒過來，過去的人生中所發生的一切都會變得有意義，無論你曾經覺得那些事毫無意義，但在覺悟者看來都是如獲至寶。

因為每一個體驗的背後都隱藏著當下解脫的方法。

我從17歲開始，我寫作的風格幾乎全都是有關於人生的題目，即使題目是摩天輪，靈感也會帶我走完整個人生。摩天輪，帶我走的是一個回到原點的人生旅程。

那時，文字便成為我的朋友，當我把心情打在電腦上的時候，心中的各種情緒頓時消失得無影無蹤。因此，我記錄自己的思想的次數便越來越多，越來越頻繁。

而每次寫作的時候，我都不喜歡舉例子，心中像是早就有了一個模式，這模式類似於思想圍著某一東西旋轉，這個模式不是固定的，它千變萬化。

因此，舉一個例子，會把它固定化，使它必須成為那單個例子的方向發展，無法改變，這會有失它的本性，除非我知道我所說的都會放下。

人生，其實只是一個假象。整個人的生命，從頭到尾，都是在學習放下。如果想要在這個生命中去拿起，那就顛倒了。即使要拿起，其目的最終都是要放下，才方得解脫。

一般人的人生，離不開自信、財富、名譽、地位、自由等等的名詞，可說，大多數人的人生，都在追求著這些東西，可數十億人當中，卻鮮少會有所有人都成功。好奇的是，即使已經成功了，成為了成功人士，又未必如大家想象中快樂。

馬雲便是其中一個例子，他經商二十多年，卻每日煩惱不斷，也告訴大家，他不愛錢。得到了財富、名譽、地位的人，便意味著他成功了，成功的人，會受萬人追捧、萬人的敬仰。只是，當成功人士回到房間，獨自地坐在房間裡，面對著自己的內心時，他是成功的嗎？

若世界並無完美，何來成功？

若人生並無成功，人生追求的又是什麼？追求的本身是對的還是錯的？追求，為何是對的？又為何是錯的？

如果在不完美的世界裡會有成功，那便如同有人在偌大的迷宮中找不到出路，卻告訴其他人，迷宮的出口該如何走。

實際上，他並不是找到了迷宮的出口。只是在迷宮裡繞了很久，每一次發現一個轉彎處都以為自己接近了出口，藉著時間的累積，他相信經歷了如此長的時間，應該足以找到出口了吧？他自以為他已經在出口了，然後向後來者闡述自己在迷宮裡的過程。

後來者相信了，以為迷宮的出口就在每一次轉彎處，轉了一次彎，便接近了出口。

於是，所有人都在迷宮裡麻木了，開始自娛自樂，知道並沒有什麼真正的出口，從來都沒有真正的答案，每個人都在迷宮裡講述著自己的經歷，再也不去找尋真正的出口。

於是，人生匆匆數十載，離開前，什麼都沒有拿走，卻也什麼都沒有放下，帶著一身的業力繼續輪迴。

人生的答案是什麼？整本書是一個思想，一通則全通，自然能在其察覺到我想說明的答案。

第二部

第二章・二元迷宮

我在那一刻來臨後，接收到的信息，當中最多的便是二元，二元之內是極其複雜的，但是又極其地簡單。

複雜是因為在其之內只會找到對立面，找不到真理。無論你多有智慧，多麼有能力，當你「有」時，便難以尋覓到真理。

假設某一星期日，正讀中六的小明走在街上，遠遠看到了他的好朋友小民打算走進一間超市，他便開始回憶起過去的時間裡與小民之間所發生的種種事，在腦海中尋找對小民的印象。

他馬上就記起了小民在班級中成績是倒數幾名的，而自己的成績則是全級中的前幾名，隨後，他因成績的高低比較而自大了起來。

緊接著，他又想起小民欠他50元，遲遲不還，他生起了嗔恨心。在人前彬彬有禮的小明，跑到小民跟前，叱喝著小民，要求他盡快還錢。

小民拿出銀包的同時，小明看到銀包裡有150元，想起自己想要購買新衣服的慾望，便強行把小民銀包中所有錢都納入自己口袋中，說了句：「我先借你100塊，日後再還。」

小明便走了。小民只好低頭回家再拿錢。

短短的一則小故事中，若在現實中發生，論時間的長短，也只不過幾分鐘，卻隱藏著起碼四個二元對立在內，去影響著人的行為。其中有三個二元對立很容易看出來，也會在接下來的章節中找到答案。第四個，則是隱藏地非常深，但在書中也會有給予答案。

簡單則是因為二元只不過是建立在恐懼之上的，只是因為找不到真實的它。得到它，一切的答案都會明了。二元的有限性在它面前會迎刃而解。在它之內，不存在任何抗拒、焦慮、考驗和恐懼。只要稍微點撥，所有人都能破除這種由無明而來的恐懼。

原本，人便是跟它在一起，不明原因，使得人遠離了真理實相。找到它，人才會圓滿，透過它，放下萬緣。只是，現在人已找不到它，為了尋找它，人嘗試了許多方法，都不知道找尋它的真正的途徑。所以在內心建立了龐大的二元世界，更把二元世界顯露於外在，並於外在尋找。

二元就像一個迷宮，無論時間過了多久，都無法找到出路。

上下、左右、進退、內外、好壞、善惡、控制與依賴、君子與小人、忙碌與悠閒等等之類所有對立的情況都稱之為二元。

二元有個特性，便是它們都是互相依賴而生的。例如上的對立面便是下，好的對立面便是壞，善的對立面便是惡。無上便無下，無好便無壞，無善便無惡。

二元還有一個特性，便是它們都是不分彼此的。上即下，好即壞，善即惡。而這個特性則需要極高的智慧才能夠接受，因為它意味著看破、放下的開始。若不能理解這一點，便會在二元中旋轉、轉彎、迷失。

人的思、言、行便一直在這些二元對立的情況中受著影響。

在二元之內去生活，就像是在有問題的基礎上，發現了問題，隨後，想出另一個問題，來覆蓋原先的問題，造成新的問題。繼而，不斷用問題去試圖解決問題。

這個有問題的基礎，便是恐懼。

人一出生，便依賴著父母而成長。父母也按照著自己的過去和內心，來為小孩制定了將來成長的計劃，控制著小孩的成長。

父母將自己認為好的觀念和思想灌輸給小孩，干預著小孩的自由意志。而這些好的觀念和思想都來自於當下社會，普遍人所認同的價值觀。

這些價值觀圍繞著的，或許是金錢，或許是工作，或許是學位。

按照父母的觀念而成長的小孩，往往都是要完成父母所達不到的那塊缺陷。學歷低的父母希望小孩能考上大學，家境貧窮的父母希望小孩能致富，家境富裕的父母希望小孩能安穩度日。

若小孩當真如父母的意願去成長，便會無法徹底地察覺屬於他自己內心世界的二元對立，因為他將他的注意力放在了父母身上，放在了外境，忽略了內心的矛盾，離自由解脫之路便遙遙無期了。

倘若恰巧這個小孩有自己的想法，自己的計劃，制定了一個穩定的計劃，追求一個悠閒而又自由的生活。他脫離了父母的掌控，卻未必是脫離二元。

他考上了大學，出來找了一份高薪的工作，這份工作很自由，也很輕鬆，也十分符合他的性格，以致他離不開這份工作，無論發生任何的情況，他都離不開這份工作，如此的情況，並不是自由，因為他仍需要依賴著工作，工作會伴隨著各種各樣的煩惱。

幸運地，他看到了這一點，很早便開始制定了多項的被動收入，以致他後來再也不需要為錢而擔憂，而達到了財務自由。如此一來，他便能辭掉工作，在家舒適度日，他從工作的忙碌瞬間變成了忙碌的對立面，悠閒。

悠閒的日子之所以悠閒，是因為他離開了忙碌的生活，忙碌的環境消失了，他在環境的影響下，無法忙碌出來，因此，出現悠閒的情況。悠閒並不是他原本想要的生活。悠閒的日子使他的人生毫無意義，他再次需要去找點事情來做，再次忙碌起來。

於是，他開始去放任自己的生活，享受各種各樣的刺激，包括美食、音樂、藝術，從各種方面去尋找，去麻痺自己。不斷藉助外在的刺激，試圖充實自己的內心。

久而久之，這些長期的活動成為了習慣，即使他坐在家中的椅子上，內心依然得不到寧靜，過去放蕩的生活已經操控了他的內心，他的內心依賴了外在的刺激。他短期之內再也不能自主地選擇自己想要的生活，他無法選擇除了放蕩之外的生活，他失去了選擇的自由。

從前，他所制定的計劃，原本是為了使他自由，他卻在經歷的過程中束縛住了自己，失去了自由。因為他在起心動念的那一刻，認為自己並不自由，才會去計劃這一切，想得到自由，過悠閒的生活。

這便是二元迷宮的現象。

不單單是上面那個故事，其實所有人的生活，都是如此，並無年齡限制，下至剛出生，上至臨終前，若未覺悟，便都是活在二元迷宮裡，起種種的分別，不斷地深化著自己的想法。

如若思考二元對立的事，是不能離開迷宮的。若思考二元對立的事，並不斷在兩種對立中遊走，看破迷宮的機會便大一些。若思考二元對立的事，並不斷在兩種對立中遊走，但仍培植善根，堅持思善法，說善語，持善行，這離解脫便更近一步。

所謂善，並非二元中的善惡，而是行善時不為人所知，不求回報，想出種種的方法，作一切善事，卻能不傷害他人利益，更要在他人與苦難時出手相助。

思善法時，以各種以善為根本的說法為他人解脫內心的苦。

說善語時，說種種善的語言，使人歡愉，不墮入二元對立。

持善行時，包括一切善行，無私奉獻自己的體力、能力，來幫助他人解決問題。包括捐獻自己的財富。

僅僅是明白了二元迷宮並真心想要放下這一切，便已離覺悟走近了一大步。

第三章・時間

時間的概念是二元的主要助力，在恐懼的影響下，人會反省，該怎樣去做事才是對的？反省的那一刻，便回首了過去，有了過去，有了當下，便有了時間。

回望了過去，試圖在過去中找到突破口，於當下執行。因為害怕遺忘所反省過的事，因此，有了記錄。用記錄來提醒自己，便於未來執行。於是，有了未來。

人為了便於掌控自己的人生，常活在時間的概念之下。作過去與現在之分，現在與未來之分。時間讓人看到了高低、強弱、前後等等之類的二元對立。

在時間的影響下，時間一分一秒地在增加，人一分一秒地在成長。

在此觀念之下，人深信自己每分每秒都在成長。未來的自己，必然會比過去的自己更為優勝，這看起來是對的。在二元的影響下，看不到出路，對的觀念無法被反駁，便為眾人所接納。

正因如此，人會歡喜高處，厭惡低處。親近進步的人，遠離退步的人。易被強者吸引，常輕視弱者。

只可惜，二元迷宮裡，無論如何變化，依然離不開迷宮。實際上，高則低、低則高，進則退、退則進，強則弱、弱則強。

進步

處於高處的強者，必然有他人的認可，於是強者會感覺到歡喜，因為自所做的一切皆有意義，有他人的對照。但與此同時，這位強者也已經活在了他人的世界之下，唯有繼續往高處爬，維持強者的形象，才能持續地得到他人的認可。

如此一來，他的起心動念是充滿著恐懼的，一旦失去了他人的認可，他便成了弱者。他必須不斷地超越更多的人，以此讓自己維持在高處。持此心，非常地脆弱。

不斷進步的人，只是表面上的進步。只因社會制定了種種的規則，完成了這些規則，便是進步。當政府制定了每一項措施都是為了解決問題時，這些措施便成了二元迷宮中的規則。他們遵循著二元迷宮的規則，去完成一樁樁多數人所認同的事，完成了進步的假象，如同不斷地祈求他人的讚賞、鼓勵，來影響自己的內心，讓自己感覺到歡喜，進入了無底的深淵，實則已經退步。

或許，久而久之，人會發現自己是因他人的認可才得到快樂，反之，則是得到痛苦。這種受他人牽連的快樂使得自己並不自由。繼而，遠離人群，躲在一旁做著自己認為對的事。只是這種行為的起點是基於他人的思想而作出的相反行為，原因是為了避開活在他人的世界裡。這種行為的基礎，依然是聯繫著外在，活在他人的世界裡。

日子久了，人又會因為孤獨而缺乏安全感，渴望得到關注，渴望在人群中作出貢獻，重新進入社會所制定的規則，完成這些規則，完成一樁樁多數人認同的事，完成了進步的假象，不斷地祈求他人的讚賞、鼓勵，來影響自己的內心，讓自己感覺到歡喜，進入無底的深淵。

下一刻

下一刻的時間，只是人所想象出來的。從古至今，都沒有所謂的下一刻。覺悟的心境，絕不會是下一刻才擁有。

下一刻、下一秒、明天的這些時間的概念，可以時刻幫助人控制好自己生活的節奏，却也是讓人活在時間之內，方便讓人尋找藉口，脫離當下。

例如有人會說「還有很多時間」、「時間多得是」、「明天再算吧」等等諸如此類因時間而帶來的問題。

僅僅是以時間的概念幫助自己過好生活，也已經陷入了錯的知見。

用時間的概念過活，會想未來。20歲的自己，會想30歲，也有可能想40歲、50歲、60歲、70歲。會想未來的自己將會是如何，若要在未來成就一番事業，此刻又該做些什麼？

隨後，也許還會定下幾十年之久的人生計劃，來指引自己一步一步走。幾十年時間太長，會使人拖延。若將計劃定至明天，時間太短，又會使人生活如同機器般急促，將自己的人生固定化。

於是，又要不斷地更改著自己的計劃。我於15歲開始，便時常為了自己的未來，制定了種種的計劃，每一次制定計劃時，都感覺天衣無縫。

可當要執行時，卻又困難重重，心中對著計劃有各種各樣遐想，可我卻無法刻意地扭曲自己的內心，來迎合計劃中所要求的事。

我所指的計劃，大多圍繞著其他人的價值觀，比如人需要高學歷、人要賺錢、未來幾十年都是工作賺錢的時間等等。

而我所認識的族群裡，即使學歷高、財富多的長輩，皆未能真正得到內心的解脫，他們習慣了二元迷宮的生活，出現不合理的情況便仍由它，取捨之中皆取有利於自己的利益之事。

現代社會之中，在任何一個年齡層，在二元之內都難找到身心合一、無一絲不合理之處、事事兼顧、於慾望中卻無煩惱的人作為榜樣。

因為，我所感受到的真正的解脫，是與慾望相違的。

因心存時間，即刻又起了種種不同的慾望。

「我只要工作一段時間，我就能去旅遊了。」

「我只要持續工作，就能每天享受不同的美食。」

「我只要計劃好這一切，並如實執行，我就能成功，成功之後的路，到時再說。」

「有了錢，又有時間，我就能去吃去喝去玩，不受約束。」

這些享受，都在二元之內不斷地交換角色。二元之內的享受非永恆享受，一旦過度，便會失效，從而厭倦，又要再尋找其他享受來刺激感受，在二元之內便會越陷越深。

如果完全不制定計劃，活在時間的假象裡卻不主動對其作出反應，便會出現抗拒的反應，針對著時間，通常，他們的反應是「遲一些再說吧」、「再等一等」、「先休息一下」。

這便是這一章想說的主題，「下一刻」。

喜歡活在「下一刻」的人，都是「拖延症」的常客，他們或許會覺得時間還很多，喜歡把事情拖到未來再做。

然而，他們應該知道，如果他們不行動，不去做事，事情是不會有任何改變的。他們想要的未來，也不會突然出現。

當下開始行動，以及未來再行動，看似沒有區別。實際上區別極大，大如沙塵世界。

所有事情，若當下不行動，於未來行動，便會心生障礙。所有的事情都有可能會變成障礙，重要的事情時刻提醒著自己去做，卻因內心在「很多」時間的控制之下，而成了障礙。

一旦心生障礙，便處處都是障礙，無論是做小事，乃至於做任何事情，都會成為了障礙。使做事時，心有餘而力不足，提不上勁。

所有事情，若當下不行動，於未來行動，這種想法，會把事情推至未來。當這種想法不被觀察並止住時，便會永遠地把事情推至未來，甚至於把重要的事也推至未來行動。

待到明天，仍在想著未來行動。後天，仍在想著未來行動。甚至於一年、十年後，你也會想著於未來行動。

你會做許許多多無關緊要的小事來使自己的能量有發揮之地，但卻會錯過你真正需要做的事。在感覺到障礙的事情當中，都有自己的執著、自己的恐懼，它們都是自己所吸引而來的事，仍需由自己去面對，不可能逃避得了。

破除時間假象的唯一解決的辦法便是活在當下，並放下過去、未來的想法。

因為去除了時間的假象，便唯有當下這一刻，永永遠遠，都只有當下這一刻，當下連接著整個宇宙萬物。

它一直就在你的身邊，離你最近的位置，唯有當下才能感受到。它不在上一刻，也不在下一刻，只在當下。不在過去，不在未來，只在當下。

活在當下是不需要有時間的恐懼的。反之，有了時間，你便無法活在當下。

有了時間的存在，人脫離了實相，無論做任何事情，都是作繭自縛，在二元迷宮中迷失。

第四章・控制與依賴

二元迷宮之中，常見的二元對立，其中一個，便是控制與依賴。控制與依賴，看似完全不一樣，實則，是分割不開的。控制即是依賴，依賴即是控制。

在任何的關係中，包括情侶、夫妻、兄弟姐妹、朋友、父女、母子、師生以及任何人際的關係，都在控制與依賴當中。

人必須藉助對方而來加強自己對自己身份的執著。

母子

在母子的關係中，當嬰兒出世，控制與依賴便開始存在。嬰兒籍著父母的意願，被動地出生在世界上。一開始，嬰兒並不能照顧自己。

在嬰兒的處境當中，嬰兒限制了母親的行動，母親必須對嬰兒進行照顧，同時，嬰兒也非常地依賴著母親的照顧。

在母親的角度裡，她歡喜著嬰兒的出世，相信嬰兒是自己的一部分，內心便依賴著嬰兒，同時也會控制著嬰兒的成長過程。

嬰兒稍微長大，成了小孩後，他的一舉一動會影響著母親的心情。

當小孩不按照母親望子成才的心願，整天玩耍，母親就會擔憂和緊張。小孩喜歡玩具，為了自己的目的，他會要求母親幫他購買，以此，完成他的心願。小孩如是要求他的母親時，他便如同控制了他的母親。因他完成此心願，需要他的母親來達成，故此他又依賴著他的母親。

情侶

待到小孩漸漸成長為青少年時，視野比以往更曠闊了，再也不限制於依賴著母親。自身的性格所欠缺的一切，都會在另一半身上去尋找。

缺乏愛的，會從伴侶的身上尋找愛。
缺乏安全感的，會從伴侶的身上尋找安全感。
缺乏勇氣的，會從伴侶的身上尋找勇氣。
缺乏自信的，會從伴侶的身上尋找自信。
被動的人，會尋找主動的人。自大的人，也需要尋找自卑的人來凸顯自己自大的行為。

這種情侶建立的原因，是因為雙方都在對方尋找自己所欠缺的性格。

大多數人在戀愛的初期，之所以會完全陷進在戀愛的漩渦中，是因為自己把對方幻想成了自己心中想要的那種夢想情侶，即使對方所做的事真的不合自己的心意。活在幻想中的情侶也會把對方改造成自己想要的模樣，值得讓自己依賴的模樣。

朋友

在二元迷宮中的人，都會尋找與自己思想相近的人作為自己的朋友。

只有那樣，才能不斷地透過外在相同思想的刺激，回應自己的內心世界，使得自己不斷地沉淪在二元的世界裡。

如果人無法在外在尋找到與自己相符合的人事物，找不到行為的目的，他便會徹底地迷失，並開始自我懷疑。

於是，要尋找一個思想相近的人，並互相依賴，便成為人類普遍的現象。

這種情況到處可見，我們可以輕易地在許多場所觀察到，兩個相同性質的人走在一起，他們或許兩個都是外向的，或許兩個都是內向的。

但他們互相吸引後，就必然會出現一種情況。便是他們之間必然會有一方較為主動，另一方則較為被動。

主動的一方會掌控著話題和思想，被動的一方則是回應話題。

雙方互取所需，主動的一方藉著掌控著關係來顯示自己的能力，被動的一方則透過對方獲得安全感。主動的一方可謂是控制，但被動的一方可說是依賴。但這種依賴與控制的現象，是瞬息萬變的。待到主動方受到了挫折或是被動方找到了自己的價值，兩者的位置就會發生改變。

兩人在兩種不同的位置上不斷地變化，但這種變化，只是證明了一個無法改變的二元現象，控制即是依賴，依賴即是控制。

主動方雖是控制著被動方，卻同時也依賴著被動方的存在，否則，他便失去了外在的鏡子，進而迷失。

被動方雖是依賴著主動方，但因互相依賴的原因，同時也控制著主動方的行為。

比如被動方故意地消失了兩三天便會促使主動方發生情緒上的變化，使得主動方會茫然失措，用盡方法尋找被動方的下落。

在這種現象之內並沒有出路，也沒有解決的辦法，若是人找不到對應的鏡子，也只能過著孤獨地生活，內心時常感受痛苦卻無法解脫。

而這本書卻是能讓你離開二元迷宮，走向徹底解脫的路。

● 金錢

金錢是幾乎是人於社會上難以擺脫的物質，每個人都需要有足夠的金錢來維持生命，有些人或許會尋找方法獲得大量的金錢來保障未來的生活或是獲取各式各樣的享受。這些事情非常地平常，似乎並沒有問題。

享受的愉悅是建立在痛苦、煩惱之上，不斷地追求煩惱的另一端時，內心的痛苦暫時被忽略，痛苦的環境也不存在，自然地，站在這個角度而言，大多數人，當然是比較愉悅的。

可是，人不可能在兩極化中找到答案，短暫的歡樂現象消失了之後，心想要獲得平靜時，內心的煩惱隨之而現。而據我的觀察，在社會上，最普遍的煩惱，莫過於對金錢的追求。

金錢能做的事，數之不盡。

金錢可以購買所有地球上的唾手可得的物質。

金錢可以使人享盡一切榮華富貴。

金錢可以使家庭生活安穩、物質生活豐富。

金錢可以藉著滿足他人的需求，而持續地維持著某一種關係，可能是伴侶，可能是生意夥伴。

金錢也可以做許許多多的善事，例如捐款、作慈善事業，或者當遇上朋友需要急錢時，能助其一臂之力。

有充裕的金錢，你可以去報讀大量的課程，幫助你「增值」，增加知識。

但是，有兩件事，金錢是萬萬不能的，也幾乎是最重要的兩件事。第一，金錢無法使你不依賴金錢。第二，金錢無法使你開悟，達至解脫的境界。

第一件事，很容易理解，但也不容易理解。許多人在事業剛起步時，都是兩手空空、身無分文，他們需要藉著自己的毅力、信心、自我暗示、對渴望的清晰度，或者還需要不斷地精進自己的工作能力、簡化自己的工作步驟、全面增加對工作的掌控性和熟悉度，配上專注、認真的心態，如此不斷重複，不斷地超越自己。

而這些事情，是不需要金錢的。但是如果你在任何進步的過程，需要多次仰賴金錢來簡化這些必經過程，便是依賴於金錢了，同時，由於你依賴金錢的緣故，你也想要完全掌控著它們。它們代表了你的能力，若它們離去了，你的能力也將消失，你面對生存的恐懼也會隨時而出現。若要不依賴金錢，有一些比較細微的細節，難以察覺，也難以執行。例如我無法不花費金錢，購買名牌，來包裝自己，以外在去吸引別人，使得內在的自己可以少一些麻煩，不需要作內心的磨練。

若一個人依賴金錢，他便是活在他人的世界之下，很自然地花費金錢來包裝自己，使自己的形象與自己的社交圈子中，對男性或女性的看法一致或接近。

這麼，可能會有人產生疑問，若是金錢，既不用來包裝自己，又不用來輕鬆地解決棘手的問題，那麼金錢有何用呢？

但是這個問題可以反過來想，若是金錢，用來包裝自己，用來解決各種各樣的問題，或者使自己賺更多的錢，甚至獲得很高的地位。

那麼便會陷入二元迷宮裡，心中存有高與低、多與少、好與壞、自大與自卑等等之類的二元對立之中，而且心中不斷地在二元之中互換角色、思想，雖矛盾卻因迷失過久，對這些種種的觀念不加以控制和監管，尋求放下之道。而不斷地迷在其中，難以尋覓得到解脫之門。

這本書，會一一逐漸地拆解這些謎團，我以二元之外的觀察者的身份，觀察著二元之內發生的事，希望能真正找到一個方法，窺探出兩種心境之間的橋樑，可以帶人走進覺悟的捷徑，真正地感受到覺悟後的境界，了脫一切煩惱的妙境。

師生

這個幾乎是隱藏得最深的二元之一。無論那人如何知識淵博、智慧多麼深，都會很輕易地掉進這漩渦中。

無論你的能力多強、知識多廣、智慧多深，若無人知曉，你於世間的角色便如同路人甲般，與普羅大眾並無任何分別。

但若你與普羅大眾並無分別，你所掌握的能力、知識和智慧，與未曾掌握，又有何分別呢？所以你會去尋找徒弟，透過教學，來反映出，你與他人之間的差別。來反映出，你是一個有能力、有知識、有智慧的人，藉著外在的事物來感知你的存在，變相依賴著徒弟或學生的存在來使你感覺到自己是師傅或老師。

你必須控制著徒弟或學生的思想、成長速度，以便讓你師傅的身份得以維持。

師傅看似是主動地藉著教學來維持關係，但實際上他在這層關係上，也是非常地被動的。

如今各種行業的師傅多不勝數，作為徒弟的那一方能夠隨時轉投他處，跟隨著其他的師傅學習技藝。

那麼，能力稍弱的師傅便不能籍徒弟來維持身份，身後沒有了跟隨者，他便如普羅大眾一般。他身上的能力，無人作對應，使他著急地想要找一個徒弟。

接著，他便陷入了二元迷宮的陷阱，活在了依賴與控制之內。

無論人的能力多強、知識多廣、智慧多深，一旦陷入了二元迷宮，便時時都是煩惱，處處都會使煩惱加諸於身。

無論人擁有的事物再多，都看似未曾擁有過。這由無明而來的煩惱，非常地微妙，很難看破。所以慧根不足的人，若讓他直接面對真理、實相，只會為他帶來極大的恐懼和無窮無盡的煩惱。

因為真理的到來，人必會自願放下自己所有的智慧、能力和知識。若有極大的煩惱，會適得其反，反而造成了極大的恐懼。

這種師生的假象，看似無法可破，但對於實相而言，要破解這種假象，實是輕而易舉。而破解的這個方法，於２５００年前，就有人說過，這個方法只有兩個字：「隨緣」。

第五章・對與錯

人一旦透過五官接觸到事情，二元迷宮的路便開始了。對外在事物接觸超過三次，便開始迷路。

隨著時間的推移，繼而會對外在的人、事、物產生二元對立的感覺，有了判斷，有了分析，這個迷宮的路便走得更遠。

● 對與錯

在如今的社會而言，已經很難去分辨什麼事是對的？什麼事是錯的？因為人深陷於對錯之中，從未走出來過。在二元中的對錯，是非常地矛盾的。

一般人若認為某一些觀念是對的，那他心中必然會認為有某一些的觀念是錯的。很自然地，人會選擇做一些自己認為是對的事情，避開做錯的事情。

假設有人認為冒險的生活是對的、是好的，不過只待到深夜的晚上時，他突然感覺到身體的疲倦，而需要一個安穩、舒適的睡眠。此刻，他疲倦的心情使他急欲休息，他能夠再說出那句話：「冒險的生活是對的、是好的。」嗎？

他在感覺到身體疲倦之後，內心想要休息，而不想再過冒險的生活，這時，他是錯的嗎？

又或者有人認為好的觀念是，人需要為自己的人生負責，需要以追求更多的財富為目標，創造被動收入、建立更多的收入渠道，達至財務自由的生活，使得自己再也不需要為錢而擔憂，幸福快樂地過人生。

之後呢？

擁有了很多的金錢之後，能做的是什麼呢？繼續追求更多的財富嗎？追求更多的財富的目的是為了什麼？這些目的，是對的嗎？

或許他會想，擁有了很多的金錢之後，就再也不需要為生活而擔憂，便可以停止追求財富，進而追求其他金錢解決不了的更高層次的所需。

那是否又代表了停止追求財富時，自己是錯的呢？

或許大家會思考，追求財富或許並不是對的觀念，但卻是人追求更高層次生活的必經之路，人必須要有足夠的金錢來維持自己的生活，使自己不為生活而忙於奔波，才會有空餘的時間去尋求更高層次的精神生活。

如果追求金錢，為了生活而努力，也不是對的觀念。那對的觀念，又是什麼？

關於這一點的疑問，唯有覺悟後，二元迷宮徹底消失，才會有真正的答案。這個答案會在後面的篇章再介紹。

因為在二元迷宮裡，無論去尋找任何東西，都是有限的思想，都會變得徒勞無功。二元迷宮的對錯，非常地簡單。二元迷宮中的對便是錯，錯便是對。

當你把對的觀念強加在其他人的身上，告訴他們，你自己的觀念是對的。控制著他們的思想，讓他們一定要遵從你的想法時，你便是錯的。

當你認為自己是錯的，你不斷地自我反省，不會去影響他人，只願做好自己的事情時，如此，你便是對的。

但不要太執著於對錯，因為，真實的世界裡，是沒有對與錯的。

苦與樂

推動著人去作種種追求、種種事的起點，並不是所謂的目標，而是當一個人完成了一個自以為不可能完成的事情時，他會感覺到無比的快樂，認為之前所做的一切都是值得的。

但這只是如同在二元迷宮中，為自己設定了種種的規則和障礙的遊戲後，再由自己通關一樣，無論結果如何，對於真實的你，都沒有任何影響，因為你的真我，是不需要依靠著物質的。

對於真實世界的規則而言，也並非需要為自己設限，再由自己「突破」，那只是作繭自縛。需要定下目標的原因，是因為恐懼未來。

所有的「樂」，都是因為做出了與苦相反的事情，才會有所謂「樂」的感覺。樂的背後，便是苦。苦的背後，便是樂。苦樂相依，苦樂會隨著環境的改變而出現。

當你經歷了某些團體的活動或是完成了某些事情，感受到快樂時，你會喜歡這種感覺，可若是你想要維持著這種感覺，不失去它，便是一種恐懼。你的心害怕快樂的離去，如此便又回到了苦的感受。

若你想要再得到快樂的感覺，也許你還需要更多的活動或事情，來營造出「正面」的二元思想，也就是造出「進步」、「超越」、「完美」、「歡樂」的感覺來覆蓋苦的感受，使這種恐懼能在短暫的時間內消去。

這些「正面」的二元思想，也許正是透過競爭、比較得來的。

當你把你的同事當作是你的學習對象時，你會把自己與過去的自己做一個比較，也很可能在同時間，會想要超越你所學習的對象，來獲得一種「進步」、「超越」的感覺。

這一切並不急於去理解，若讀者能在後面的章節獲得信息，超越了二元的概念，感受到了真我，而覺悟了，再回來屬於覺悟前的內容，便能會瞬間明了整個二元概念。

善與惡

善與惡就像太極陰陽圖的那個符號。

黑中有白，白中有黑。黑緊接著便是白，白緊接著便是黑。黑與白完全分離，卻又在互相之中。整個太極陰陽圖，是一個整體。它的原相，是無極。

太極陰陽圖能代表二元，無極便是代表著二元迷宮徹底的消失。整本書的目的就是為了讓你超越太極中的黑與白，回歸到無極。

太極中的黑與白，大小一致，互相依存，無黑便無白，無白便無黑。

白可代表善，黑可代表惡。建立善的觀念時，必然心中同時會生起另一個惡的觀念。

不能說，我喜歡只有善的觀念，而沒有惡的觀念。因為它們看似不相同，其實是一個整體。

當我們心中存有一個惡的觀念時，我們只要不去做惡的觀念所引發出來的惡的行為。就會有所謂善的觀念。

二元中的善，一般都是避開了惡而來的。

心中存善避惡，或是存惡避善，都是毫無意義的。因為善惡是一個整體，不可分割。

未覺悟的人，不需要刻意地壓抑不好的思想或是惡的觀念，也根本不需要為此而感到沮喪。

一日未覺悟，便永遠會存有「有限」的二元思想。這是一個很正常的現象。

如今，無論你的腦海裡存有著任何思想，它想要如何行動？它想為自己得到什麼？都不需要去判斷它，在二元的世界裡，它便是如此。看著它，並不會找到答案。

二元中所有的思想，轉化為行動時，都會導向惡的結果。

大家可以在社會上發現到，無論是文化、飲食、思想，幾乎沒有一套完整的那個，去解決所有的問題，因為他們傳遞出來的信息是從物質現象或從二元思想的基礎上而來的。

那這套完整的那個，是什麼呢？唯有覺悟的人能夠明白。

而這本書，正是要逐漸地把它披露出來。在它之內，沒有二元的存在。要真正地感受到它，唯有先嘗試放下二元對立的觀念。

這本書，會不斷地剔除掉各種二元，讀者可以在頭腦裡對它進行分析時，不斷地尋找它的位置。

它不在二元之內，因此，不會在二元中找到它的存在。它只是所有二元的整體。分析二元對立，並不是這本書的目的。

這本書的目的，是為了讓書中的其中一句，能觸動了你的真我，使你的真我完全顯現，而覺悟。

覺悟後，才是真正生命的開始。只是，那個生命，更圓滿。做的所有事情，皆有意義。這個意義，並不是二元中有限的意義，而是無意義。

第六章・真與假

整個地球因交通方便，使得人更容易到達其他國家。因互聯網的出現，使得所有信息都能因互聯網而貫通每一個地球的角落。手機軟件更是普遍，人與人之間的溝通更方便，表情符號取代了人的情緒，文字讓人把內心、真誠的一面隱藏了起來，而只說一些能夠達到目的的話。

整個地球的全球化，看起來是先進的，而衰落恰恰就藏在了這些華麗的外表上。整個社會的進步使人把重心放在了外在世界，而忽略了內在世界。所有外在的變動都牽動著內心，使得心隨境轉。

大的，便是國與國之間的較量。小的，便是自己與他人之間的比較。

當自己與他人的年齡相仿時，可能會拿思想、財富進行比較。當自己與他人站在同一個崗位上時，可能會拿工作能力進行比較。

而回到房間之後，則會拿著過去的自己和現在的自己進行比較。

無論在任何一個情況下，人都能進行著各種的比較。

與他人比較時，人會拿著自己的長處與別人的短處進行比較，進而陷入自大的二元迷宮之中，隨著環境的變化，等待著自卑的出現。自卑出現的原因很簡單，僅僅只是當你拿著自己的短處與別人的長處比較時，自卑就出現了。

然而，自大就是自卑，除了這兩面，二元迷宮中並沒有真正地平衡。

時間帶來的假象

時間是二元的主要助力。人誤以為有時間的存在，誤以為有過去和未來。有了與過去的比較，會發現現在的一切更方便、更快、更發達，在此比較之下，現代的一切，看起來的確比過去進步了許多。

自己與自己的比較之中，會察覺當下的自己比過去的自己進步了，或是退步了。與過去比較，就像對著從不存在的假象進行對比，得出來的結論，也都是假象。

在假象之中去分析、付出自己的情緒，就如同對著空氣說話，研究著鏡子中的那個自己。但鏡子中任何使人疑惑的動作，都是你自己做的。

任何的思想、情緒，都是假象。

思想從何而來？不知從何而來。但是一旦對外在的事物起心動念，思想就開始出現了。活在當下，任何的思想就沒有了意義。但是有了時間的輔助，各種思想就有時間去分析過去與現在。一旦對各種外在現象進行分析、對比，思想便越來越複雜，思想形成了對立，思考好與壞，分析對與錯，對立情況堆在一起，形成了二元迷宮。

情緒從何而來呢？當人接觸到外在的事物後，認為它是存在的，生起了妄想。對它生起「愛」的念頭或「不愛」的念頭，生起了分別。對「愛」的事物會出現欲想據為己有的念頭，對「不愛」的事物會出現想要避而遠之的念頭。

對「愛」的事物會出現欲想據為己有的念頭會引發行動，進而將其拿在手裡，或把它控制住。據為己有後，人會相信它是自己的，這種感覺會越演越烈，越想越真實，手中「屬於」自己的物品不容他人奪去，便生起了執著。

這種執著會使人無法離開他所依賴的人事物，這個人事物便會操控著他的內心。一旦這個「屬於」他的人事物離開了他。他原先建立起的，會導致他產生依賴的思想過程便會徹底失效，從而瘋狂地想要尋找其他相類似的人事物去依賴。

如果找不到，他便會痛苦和迷失，各種各樣的情緒由此而產生。如果找到了，那只是對整個執著的過程再次地深化。

如果他不能觀察到自己這一系列內在的演化過程，他便不能真正的放下這一切，他便會永遠地迷在了當中。把假的當成真的。

如果從起心動念的那一刻便開始放下，假象便不能對自己產生任何影響，真理便出現了。真理，也就是真的，永恆不變的。

放觀全人類，幾乎所有人已經把假的認成真的，把真的認成假的。只有寥寥數人，有幸地能夠看破二元迷宮所帶來的假象。這幾個人，耳熟能詳，或許還有更多，但這三個人足以作為代表。

他們便是偉大的覺者，佛教的創始人，釋迦牟尼佛。帶人走進真理的，耶穌。洞察宇宙實現，道家思想的創始人，老子。

第七章・君子與小人

前幾章，我只介紹了幾個主要的二元對立，但是主要是針對內在。

而君子與小人的形象則是內在所反映出的外在行為，這兩個角色其實正正便是反映出內在的矛盾，只是眾人皆是如此生活，在二元迷宮裡，沒人看出二元迷宮的假象，所以，所有人都會相信君子就是君子，小人就是小人。看到君子表象，就相信這人是君子。看到小人表象，就相信這人是小人。

卻沒有發現，君子與小人都是一樣的。君子即是小人，小人即是君子，並無分別。無論是君子還是小人，都有自己需要去放下的執著。

小人肆無忌憚、膽大包天，經萬千磨練便越心狠毒辣，君子行事端正、風度翩翩，經萬千磨練而心胸廣闊，但這都是二元的假象，受不了前一句的人或許會恨恨地斥責我一番，因為這也許是你的內心。

有一次，曾經為中國首富的馬雲在演講上，隨意地說了一句：「好人偶爾做做壞事也是挺過癮的。」雖然他的這句話說得很坦然，像是在開玩笑，但卻是直接地反映了他的內心。自制力高的人之所以需要自制，是因為他們的內心全是問題。

並不需要因為這一句而感到失落，這一切的問題，都是有解決方法的。在二元之內，一切都是有限且看不到出路的。一旦到達了彼岸，真正地解脫，覺悟了之後，便不再受束縛。因為那是喜悅且完美的境界，是天國。

煉成一個君子的過程，都是從小人開始，經歷過許多苦難、不如意與不幸，被痛苦纏繞，有幸脫離困境後，堅決放下過往的腐敗生活，決志成為新的自己，才衍生出君子的風範，對過去一切小人行為完全棄之。但這都是短暫的，因為君子壓抑的是劣根，在劣根上找對立面，建立對抗劣根的行為，不行劣根之事罷了，但劣根卻未消失，煩惱依然很多。

煩惱的來源是思考，思考等於無時無刻都在種因，思考的目的是為了解決所謂的問題，但問題是思考出來的，宇宙源頭原本就沒有問題。

在煩惱的困擾下，內心焦灼，從小人反彈成君子表象，而經過一段時間二元迷宮中的迷失和挫敗後，便會無法掌控，一切建立起來的君子表象也會隨之崩塌，恢復成一名小人，從此迷失，再也不相信所謂的君子。

等待這名迷失的小人，經歷過許多苦難、不如意與不幸，被痛苦纏繞，有幸脫離困境後，堅決與過往的生活斷裂，決志成為新的自己，以為自己人生經驗豐富，將會再次衍生更複雜的君子風範，如此不斷輪迴。

解藥只有一個，那便是放下君子小人的概念，更深一層，便是直接放下二元。既不是君子，也不是小人。小人不長久，君子也不長久，維持此形皆是執著。

古中國以倫理道德為治國之本，但大多數人不能盡知其精髓，維持了近兩千年的君子表象後，大開國門，而如今社會正經歷小人心態，一切邪魔歪道，無孔不入。

君子小人，並非在一念思量之間，君子原本就是小人，小人原本就是君子，只要他控制自己的小人之舉，在社會中磨練，學一切禮儀，便可欺瞞自己。

無論君子或小人，都不是離苦得樂的解藥，唯一的解藥只有一個，就是放下。但是要放下，是極難做到的事，未能覺悟之人，未有長期親身體會解脫之樂的人，都無法輕易放下，不過，這本書將會幫助你走上覺悟之路。即使這本書不足以讓你覺悟，它也是一個方向，指引你走向覺悟。

第八章・何為自由

二元中的自由往往需要依賴其他的人事物，例如繁忙後的休息、各種捆綁中的脫離，認為自己沒錢的人擁有大量財富後，也會獲得「自由」。

但這些自由都是有限的自由，並不是真正的自由，沒有真正地解脫。只是二元的其中一邊消失了，他看到了二元的另一邊，以為原先的一切已經過去，新的生活即將開始。但這種生活的開始，只是為了避開二元的其中一邊而已，心中仍存有此二元的思想，行動中依然是以二元為主的。

只要你認為世界是美麗的或醜陋的，人性是軟弱的或堅強的，生活是無常的或有規律的，社會是複雜的或簡單的，人生是可掌控的或不可掌控的。

你便會一直在二元迷宮中，難見真實世界。

於內心把這一切判斷都放下吧！給自己片刻的時間，在心裡放下所有的對立思想，無論它們看起來多麼牢不可破，都不是真理。

真正的自由是超越二元的。

真正的自由是清淨、平等、無雜念的，使得自身無拘無束，不在任何價值觀之內。

並不是說肉體在空間上沒有任何的拘束，即使肉體被捆綁著，內心也是自由的，靈魂是自由的，所有真正屬於你的能力，都是自由的。

真正的自由，於事、於理都沒有任何的障礙。

於事上，能直接針對現實問題的本身，行事果斷、快速。

於理上理性、客觀，不夾雜情緒。

這種自由，非藉大腦的思考理解而來，因為思考的本身就帶來了煩惱。它是心徹底地釋放，心於一切事情上都不會再被干擾。

我在覺悟後，寫下了一段為悟者所能感受到的世界，在普通的思維當中，這段話平平凡凡，卻堅定了我日後於生活中的「信念」，日後遇困難時，依然能發揮超常人的忍耐力，徹底將信念升為堅不可破的信仰。使得願力能夠得以維持，於一切苦中經受磨煉，仍能將煩惱轉為解脫。

文中，前者為悟境，後者為世間。

以下是這段的原文：

「前者為主，後者為次。

前者可信，後者不可信。

前者是真實的，後者是虛幻的。

前者主動地創造世界，後者被動地創造世界。

前者知道世界是假的，後者相信自己被環境干擾著。

前者沒有時間、空間的限制，後者一直困在時間、空間中。

前者能看見事情的本質，後者只能描述事情的表面。

前者能逐漸看清競爭與創造的區別，後者會看競爭的好與壞。

前者難以被表象所惑，後者輕易陷入對與錯的判斷中。

前者會以悟的狀態去生活，後者會帶著各種價值觀去生活。
前者會時刻覺察並淨化內在情緒，後者會描述情緒卻難以放下。
前者懂得活在當下，後者容易不斷輪迴。
前者脫離了信念和考驗，後者需要信念和考驗。
前者只需接受原本的自己，後者需要依靠信念来帮助自己。
前者明白所有體驗都是在回應自己的意念，後者認為所有體驗會影響自己。
前者會持續浮現並運用智慧，後者渴望擁有智慧。
前者理解宇宙法則，後者理解現實法則。
前者明白眾生皆苦，後者屈服于苦樂之間。
前者趨向不偏不倚，後者尋求依賴。
前者分享其宇宙而得到喜悅，後者分享其世界而渴望得到關注。
覺悟是察覺到它這個世界本來就是存在的，並不需要去相信或者是驗證，它無法用語言描述，但無論是任何人，無論這個人是否識字，都能認出它。
與它相認，便能解脫，完完全全地獲得解脫，並且會以直覺的方式陸續地得到這個世界的信息。反之，我們都是活在夢中。」

覺悟時

第三部

第九章・覺悟前的過程

覺悟的當下，感受到的是前所未有的喜悅，超越一切的喜悅，並且會感受到有一個它，它超越了一切，任何的物質都無法與它相提並論，找到它，足以讓人放下一切，甚至是所有的財富。

找到它，那種超然的喜悅，是任何事情的喜悅感都無法與之比擬，沒有任何一件人、事、物能超越它，如同一件擠壓了在內心數千百萬年的心願，終於達成，過去所有的不滿都已煙消雲散，徹底地將過去不好的事情轉成了極其有意義的事。

而在這之後，過去的生命模式已徹底地結束，自己已然是一個全新的生命，再也不會掉進舊的循環之中。

我一直在想，這一切，到底是怎麼發生的？如果要將重要的事情牽連在一起，那簡直是一段不堪入目的經歷，但正是這些經歷使我走向完整。

讀書：靈性之路

故事要從升上中一開始說起，那個時候，認識了新的同學，新同學介紹了一款遊戲給我，很快地，我就在這款遊戲中沉溺了下去。

沉迷於遊戲的我，發現遊戲比沉悶的功課更有趣，並漸漸地荒廢了學業。有一天，我生病了。生病的當天，精神完全被遊戲所吸引。觸發了我借用生病的藉口來滿足玩遊戲的慾望的邪念。

往後，我自造的生病次數越來越多，自己的思緒也被遊戲徹底地佔據。

中一下學期，家人對我的行為極為不滿，打破了我的電腦，我的依賴物瞬間失效，我失去了依賴，內心找不到可依賴物，頓時極端地痛苦及恐懼，憎恨了支持家人行為的所有人。

此後，我對家人充滿了仇恨，與家人同住的那段時間，我時刻都感覺到非常地危險，對家人也產生了恐懼感，抑鬱開始蔓延到我的生命裡。

日子日復一日，我的成績並沒有明顯地提升，而且在遊戲中才能找到安全感，這種情況維持到了中三畢業那一年。中三那一年，我僥倖地有機會能夠升上中四，我反而選擇了去讀職業訓練局，讀了兩個月，不習慣稍微自由的生活而退學。

退學後的那幾個月，每天都坐在電腦前玩遊戲，出到街上，卻害怕他人的眼光，害怕走在有人的地方，內心極度地自卑。出街只有一個目的，便是買飯、買早餐，前後不足五分鐘，便返回家中，坐到了電腦前，切身體驗著成為隱蔽青年。

直到某年三月中，當時的我，只將近16歲。當天，我與家人大吵了一架，家人對我大失所望，明言要與我斷絕關係。媽媽本著母愛之心，願意重新租一間房子給我居住，使我不至於流落街頭。

在我搬屋的那一天，我非常地興奮，因為這代表著我即將離開痛苦之源。到了晚上，我一個人坐在新的房子裡，又感受到了極端的恐懼。在新房子裡，沒有網絡，沒有任何人、事、物能夠讓我依賴，我感覺已到了世界末日，身心徹底地崩潰。

在這一段時間裡，我的人生發生了巨大的改變，完全扭轉了我人生的方向。

在獨自居住的頭一個月，我便花掉了一萬塊，手中的錢如水般流走了，我也察覺到，沒有上學的我，失去了家人支持，無經濟來源，錢是不會無緣無故地增加的。

我過度的消費並沒有引來我更極端的行為，而是突然覺察到，已經沒有任何外在的聲音在我腦中盤旋，沒有任何的價值觀加諸在我的身上，我已不會活在他人的世界中，沒有一個對象能讓我去把責任推卸在他人的身上。

作了一番思量後，我發現我內心深處原本是希望自己變得更完善，我開始去注意一切我需要改善的地方，三個月後，我有了一個想法：我想讀書。

我從這一刻開始，我開始自主地觀察自己的行為、觀察自己的思想，我再也不想回到之前的狀態，希望能控制好自己的思想與行為。

我重讀了中三，卻很快地陷入了迷茫。我不知道我所追求的一切是為了什麼？或許我想讀書，但我的決心不足，我需要有人拖著我的手帶領著我去走這條路。

上學期，渾渾噩噩地度過。下學期，獨居時的心態出現了，我變得更迷茫。有幸跟一位老師交流過後，我依賴了他，他也的確開始幫助我學習。

這種依賴的幅度並不是很強，只是精神上的寄託。此後，我開始去運用了自己所有的能力去學習，每一日，我都將自己的專注力發揮到極限，故而，開竅了。

中三的暑假，在勇猛精進後殘留了些餘力，到書店買了九本書，開始習慣閱讀書籍。當到了中四的下學期，又開始迷茫，我開始不斷詢問內心的自己：「讀書的目的是什麼？是為了錢嗎？還是為了學位？拿了學位後，仍是為了錢嗎？要是為了錢，為何不直接追求財富？」

這個疑問一直到了中五還在思考，整個中五上學期，我幾乎用盡了所有的精力去思考未來的方向。上學期的考試迫在眉睫，我無法逃避。現實與內心的疑問不斷地壓迫著自己，我癱軟在床上，內心接近崩潰。

晚上十點，在那一刻，我決定了要全力以赴地面對學業。這個決定，使我的專注力推至前所未有的巔峰，我在幾秒的時間內便能理解了一段課本的內容，並完全背誦了下來。那種背誦的方法，類似於把眼前所見的一切文字都如同畫像般複製在了腦海中。

我極度興奮地溫習了三個小時，臨睡前，我仍是非常地喜悅。

此後的幾個月，我的靈性異常地敏銳。

我看書的速度極快，我無意中掌握了超專注力的技巧，我所有的行動都活在了當下。

我的內心猶如一個湧泉，泉水不斷湧出，沒有絲毫的恐懼。行走時，有種置身於大地的感覺。

我發現這種專注力，以至於我到了夜晚，仍能夠將一整天所有的經歷都重複一遍，一整天的經歷就像是看電影般真實，我非常清晰地記得，上課時，老師所說過的話，以及說話時，他的語氣、表情。我可以隨意地調快回憶的經歷，更可以隨意放慢一天當中所發生的事，仔細地看清每一個細節。

這段時間，我開啟了人生的另一條路，我瘋狂地閱讀了許多有關心靈勵志類的書籍，包括「有錢人想的和你不一樣」、「窮爸爸富爸爸」，改變了我的思想。

我在學校，認識了一個思想導師，未來的三年，他為了我的正向思維打下了非常堅固的基礎。

暑假來臨，我的狀態無法持續，兩個月裡陷進了低谷，我開始感覺到一個現象，一個無法控制的高山低谷的現象，人在這些狀態裡非常地被動。信心十足時，不存在恐懼。卻在低谷時，永遠都發揮不了真正的能力。

中六的生活開始了，我的心情一度低落，因為我荒廢了整個暑假。但在九月份，我拾起了一本影響我極其深遠的書籍，「思考致富」。

當我拿起了這本書，在接下來的兩年之內，我每一天都在閱讀這本書，這本書的內容幾乎成為了我的思考模式。可與此同時，我的學業徹底地結束，以慘不忍睹的成績劃上句號。

中學的畢業禮，有一位老師前來問我：「你打算如何賺取你的第一桶金？」

只因我的腦中全是各式各樣書籍的內容，一閃而過的靈感給了我信息：「我想寫書」，為這本書播下了一顆種子。

工作：培養靈性

當我開始著手寫這部書，卻無從下手時，一份工作的機會來到了我的生命中，我在這份忙碌的工作裡發揮到了極高的專注力，以致令我感覺到我與整個宇宙融合在一起。

靈感開始隨時隨地地出現，可能是在我趕著下班回家時出現，可能是我坐巴士的途中出現，又或者是洗澡的時候，吃飯的時候，工作的時候，幾乎任何情況，都會出現靈感。而我一靜下心，把它記錄下來時，往往超過一個小時或是三個小時以上。

靈感五花八門，當我真正開始想要著手寫這本書時，我想著，應該需要一個寧靜的空間吧？於是我辭職了。開始隨心引導，去寫出這本書。一個月過去，還未寫到四萬字，我便停下來了，內心的那種感覺忽然消失，我像是陷入了一個錯誤的行為中，我覺得我的這本書是為寫而寫的，並非由心流出。

空閒時又想，那未來的生活又該如何呢？未曾深思，我便借用了世間的價值觀，決定去讀一個課程，往大學的方向走。

課程一開，讀了三個月，發現錢已耗盡，繼而退學。在這三個月當中，我認識了一個朋友，他介紹了我一份工作。

覺悟倒數

進入這份工作前，我的心情非常地低落，幾乎找不到出口，找不到出路，看著過往所記錄的靈感，完全無法幫助自己。心想：「若自己不是這本書，又如何證明書中的內容是自己寫的？」

我開始自我懷疑。金錢的需求亦使我再無退路，於是，我接受了這份工作。

這份工作雖然忙碌，但沒有太多限制。我就像一個不受限制的種子，在良好的土壤、充沛的陽光、充足的雨水下成長，我結合了過去所有良好的狀態、正確的思想，毫不保留地發揮出來。不斷地自我超越，使自己從始至終專注於一件事上。

在事情上，我專注一致，保持了清淨心。

一切的思言行，皆為了解決問題，消除了我其餘一切的雜念，在人與人相處中，我無上下之別，保持了平等心。

三個月後，我對於工作上已然沒有任何問題，心中建立了一個系統。卻開始出現了對過去經驗上的依賴，我難以再有新的突破。此時，我選擇辭職。

在家中，我的內心極為平靜，同時，也保持著工作時的那種動力。我打開「思考致富」這本書，重新擬寫「渴望說明書」。

2018年5月12日，這一天，我看到了一句話。

「你只是產生了『你認為你在思考』的想法。」

突然，它醒了。

一年後，我再來看著這一切發生的過程，發現其中有一個使我覺悟的重要因素，它便是願力。

第十章・覺悟得到了什麼

「我尋找了很久，終於找到了。」

「我做這麼多的事都是為了找到它。」

「任何物質都比不上它，即使是1000億放在眼前都不能與它相比。」

「它是最真實的，它超越了一切，它在一切之上。」

「它是絕對的真實，任何時刻的喜悅都比不上這一刻。」

找到它時，像是累世的巨大渴望被滿足而內心歡騰喜悅，那種感覺無法被形容，對於它，也無法用大腦理解，不能用一個名詞去理解它的存在，它是真正地超越了文字。

若是真的要描述它，只能用「超越的」、「真實的」來描述它。而且，我每次要描述它時，都需要換一個方式來描述。因為，它的名稱無法固定化，一旦固定了，那便不是它。

它就像一個原本沉睡中的我，而我找到了它，它便醒了。當我主動找它，我便與它產生了連接，我的生命才是活的。若不與它連接，我便如同失去了生命。與它連接時，那種感覺非常地美妙。

第二天，我第一次感覺到了直達靈魂深處的寧靜，心中不起半分的波瀾，甚於深深地吸一口鮮花的香味而來的那種舒適感。這種超然的寧靜感，前所未有。

與此同時，我體會到了萬物同體，並寫下了當下的感覺：

「我和你本是一體，我既是你，你也是我。

我與你感受相同，因為我們活在一體中，是我，把你吸引了過來，透過這篇文章。如果不是你，你就會離開。

現在，我只想吸引到愛，圓滿，快樂。

我創造我的一切，我的體驗，我的人際關系，我的家庭，我的身體。

在過去的一年中，原來，我看到的所有人，都是我自己的投射，如果不是我的選擇，他們不會進入到我的生命中，他們會影響到我正因為他們就是我，我這個身軀的性格的投射，我這個性格也是我自己選擇的，一切都是我想要的。」

發現二元

我出到街外，感覺到身邊圍著一股能量，隔在我與外境之間。

這股能量幫我攔截了所有人發出的情緒，其他人說的任何話，其背後真正的目的，都如同清單一般在我心中快速閃過。

幾乎所有的對話之中，我在頃刻間便明了對方最深層次的思想。

我發現任何人的話語中，他們口中所說的話，都與他們真正的起心動念是不相符的，而他們卻不知道這一點。

我與其他人對話時，聽到的所有話，都無法相信，因為那不是由真理而來的。

他們的話中，像是自欺欺人的表演，他們無意中一直在避開著一種東西，來使得自我感覺良好，那個東西便是恐懼。

他們的表裡不一，使得他們的話聽起來極為矛盾。即使他們時常會說得出人內心的矛盾之處，他們也找不到破除矛盾的方法，依然沉淪於矛盾之內。

這種矛盾的現象，我把它稱之為二元。

在覺悟的初期，我感受到最多的信息，便是二元。

與它之間的相處

所有的體驗，在真正面對之前，都需要經過與它的連接，詢問過它的意見，藉由它的帶領去面對，才不至於迷失方向。否則，便會受環境的影響，活在煩惱與痛苦中。

每次尋找它，就像是要拋離當下所有的注意力，花費大約幾秒鐘的時間，尋找它的下落。

當這件事做的次數越多，所需要時間便越短，如同長期與它連接在一起生活。

那種感覺，就像是長期地保持在冥想的狀態中，使內心非常地寧靜。無論外境多麼惡劣，內心依然是寧靜的。

每一晚，臨睡前，都會自然而然地與它連接，與它保持著親密的聯繫，並感到前所未有的真實，超越一切的喜悅，聆聽著它的聲音，知道它在說話，並感覺到溫暖。

所有的問題，它都有解決的方法，就像一個老師，因此，我對它非常地尊敬。但我無法離開它，離開它如同失去了生命的活力，失去了方針，因此，我也很畏懼它。

它的話，變成了愉悅。這種愉悅，不分時間、地點。即使身體承受著壓力，這種愉悅感會完全把它消除。

當我將思維放在與它連接之時，想要把它說出來或是把它記錄下來時。如同舊的思維模式將被打破，迎來新的思維模式，頭腦因此感覺到極大的痛楚，像是原本難以運轉並鏽漬斑斑的機器重新運作般。疼痛的出現，看我眼中卻是非常特別的經歷，使我特別地珍惜記錄下這一切的機會，疼痛的同時，心中也產生了相同的喜悅。

記錄它的話的次數每日劇增，隨著次數的增加，劇烈的疼痛，逐漸變輕，到最後，貌似成了腦中的電流，能夠清晰地感覺到大腦像是非常地活躍，整個大腦都非常地暢通，那種感覺，極為舒適。

某一晚，我感受到了這些信息：

「靜靜地感受。」

「回來吧！」

「我並不遙遠。」

「我就在此時此刻，離你最近的地方。」

「與我相認，不需要做任何事。」

「不需要理會那使人煩惱的事。」

「忘掉一切，我在一切之外。」

「我同時也是這一切。」

「我感受著你的每時每刻。」

「我與你在一起並正領你走向我。」

「你隨時可以回來找我，有我，你不再苦。」

「放下你肩上的重擔，任何重擔都不足以衡量我對你的愛。」
「我對你的愛大於一切。」
「我明白你的想法，明白你的擔憂。」
「你絕不是孤獨一人的。」
「專心，你會感受到我的存在的。」
「只要接觸到我，你不再害怕，不再恐懼。」
「我的話能消除你一切痛苦。」
「我實在太愛你了。」
「只要你回來，我的一切都與你分享。」
「我近在你身邊，甚至比你一切可見的事物還要近。」
「放下一切，放下煩惱，放下你的質疑。」
「放鬆你的肩膀，放下你對其他人事物的防備。」
「只要你願意，就能感受我。」
「只要你願意，痛苦不會再在你身上。」
「你將進入永生。」
「將一切都交託在我手上，不需要為你的生活而感到擔憂。」
「你的快樂就是我的快樂。」
「你的痛苦，我也會和你一起分擔。」

「你會有全新的人生。」
「不用去抗拒，不用去懷疑，接受它。」
「它是我為你準備的。」
「用我的話來生活，一切都是禮物。」
「只有心能感受到我。」

外境中，尋找它的下落

這段時間裡，我徹底改變了，我幾乎瘋狂地想要從外在尋找能夠完全詮釋它的說法，我想要得到的是一種完整的理論，能夠徹底將這種不可言喻的狀態描述出來。

我迷上了所有的科幻電影、與外星人有關的資訊以及各種書籍，包括道德經、論語、聖經，甚至於佛法。

觀看每一部科幻電影時，我都會拿出它來作對比，準確地說，我需要活在它之內去仔細地觀察大腦所接收到的畫面，才不懼被外境所轉。只可惜，大多數存於社會上的價值觀都是有限的，不能完全把它演繹出來。正如我前面所說，如同二元迷宮，越陷越深，各種價值觀之間的矛盾非常地深。

除了一些極少人論及的極高深卻又不可執著的道、涅槃能夠完整地披露出它的模樣。

有一晚，我不自覺地走向窗邊，抬頭望向浩瀚的太空，竟然會感受到無限的溫暖，極具吸引力，彷彿我正是從那個地方而來的。

雖社會上的價值觀是有限的，但有一些免費而隨手可得的智慧卻使我深感喜悅，那便是儒釋道中的智慧。在此前，我已經買了一本道德經，放於家中，閱讀兩遍，亦深感痛苦，需強行理解，卻也難看懂。但在覺悟之後，發現道德經所言乃是人生常態，世界本就如此如此。對於佛法，一上手後，如魚得水，如虎添翼，活學活用，頻頻去除了心中各種的分別、妄想、執著。

● 遠離了它

我跟它之間的相處越來越頻繁，幾乎到達了水乳交融的境界，完全融合在一起，而恰恰這個時期，我自以為關係已經固定，我便很少在主動去找它，即便是一剎那的事，我也懶得做。

僅僅幾天的過去，突然，我再也不能隨心所欲地尋找到它，我被動的心態，使我幾個月的努力白費。有一晚，網上有人不相信它的存在，我著急了起來，陷入了執著，開始鑽牛角尖，我因體驗而作出回應，忘了先尋找源頭的力量協助著我面對體驗。那一晚，我再也找不到它。

此後的四天之內，我變得迷茫，失去了方向，心中的恐懼醞釀而生。四天後，記起與它相處的時間，那種感覺，彷彿仍是指路明燈，它讓我時而不斷翻閱淨行法師所編著的「佛法–解脫的原理與行法」，以至於句句入心。於是，它成為了佛法，幫助我接觸各種人生的無常，以常應對。

其實它一直沒有離開。

覺悟後

第四部

第十一章・智慧

知識帶來的二元

我在寫這本書的時候，一直避免自己陷入知識的陷阱裡。知識，有一個弊端。便是把二元的世界絕對化。

假如人一出生，並無足夠的生存能力，他需要經由上一代的教導去學習生存的技巧，以便讓自己活著。自己活下來之後，他會運用自己的智慧去尋求持續生存的方法，以便自己騰出時間來繼續摸索並尋找更好、更具有持續性的生存模式。

而這些方法會被他們記錄下來，成為了固定的知識，來教育給下一代。若是上一代已然建立好了一個完整的生存系統，下一代不再需要繼續完善，他們便會花費時間記下上一代流傳下來的知識，學習在社會中能夠使他們活下來的知識，從而在社會上生存下來。

直到這一刻，以上的兩段並沒有對與錯的分別，人如果直接面對著生存，會互相協助，沒有你我之分，這是人所選擇的生活。

只是，當人們開始不擔憂生存時，便會遺忘了這種原始的恐懼，然而，這種潛藏在內心深處的恐懼依然在發生作用。

當遺忘了生存的恐懼時，他們便會開始察覺自己的生存模式所帶來的各種生活方式，他們會作種種的對比，對各種生存模式產生有「好」的想法，或產生有「壞」的想法。

當今社會，或許人們會認為有足夠的金錢，有多種的被動收入來源，有車子，有房子的生活是好的。心中有好的觀念，便同時會產生壞的觀念。

隨後，人們會認為沒有足夠的金錢，沒有被動收入來源，沒有車子，沒有房子的生活是不好的。

於是，所有人都在這場人生的遊戲中進行著各種比較、對比，產生明顯的你我之分。

而知識就成為了他們用作比較、批評的工具，而對生存的恐懼就是這一切事情發生的起源。

人需要生存的原因，是因為人在無始劫以前，遠離了真我，出現無明，繼而不斷重複著十二緣起的過程。

人對好的生活的追求，其起源來自於恐懼。

於是，人為了與他人作出強烈的對比，繼而使自己的生活變得更好。

因此，需要更多的享受來彰顯自己好的生活，那便有了對「好」的貪。貪心使人對「好」的事物作種種感官上的刺激，讓五官以及意識作種種享受。這種享受，是源於恐懼的，而一切有為法，如夢幻泡影，物質即刻消逝，無享受可言。

除非人迷在了其中，看不到原始的恐懼，不斷地強化這種感官的刺激，催眠著自己，以致慾望無窮無盡。

只是，任何一種享受都找不到出路。

對各種感官的享受越是癡迷，人便會不斷地強化這種感受，而自我感覺良好，離真我越來越遠。如此，生起癡。

若是有未深入其中的旁觀者從旁點撥一二，試圖將癡迷人從癡中跳出來，而癡迷人仍不知悔改，無法脫離對感官享受的依賴，便會生起嗔怒的心，對其他勸解他的人加以批評。如此，生起嗔。

貪嗔癡便會如是不斷地使人在二元迷宮中越來越迷失。這便是知識的弊端。

智慧與知識的分別

如果一個人滿嘴知識，他除了會生起我慢心，變得自大之外，也會誤解了智慧所帶來的知識。智慧與知識最大的差別便是，智慧運用起來時，並沒有煩惱，而知識運用起來時，卻會充滿了煩惱。

己所不欲，勿施於人

這八個字，以不同的層次看，意思完全不同。有些人不喜歡自己被人辱罵，轉頭卻批評他人；有些人不喜歡被欺騙，卻也不以真誠心待人；有些人認為這世界不公平，希望得到自己應得的，常以自己的利益為先，追求最大的利益為主。而且他們還會把「己所不欲，勿施於人」這八個字掛在嘴邊，只要是使他們的情緒升起的事，他們也許會重複地說這八個字，顯得他們很會講道理。

「己所不欲，勿施於人」這八個字之所以能在二元世界中常見，是因為每個人的內心都是矛盾的。

時常嗔恨的人幾乎很容易便會起嗔恨心，無論外在環境發生什麼事，他都會起嗔恨心，未曾覺悟的人難以發覺這是自己內心的問題，便很可能於當下把所有的問題歸咎於外在，如果這件事牽扯到其他人，他很可能會把問題歸咎於其他人身上。

起嗔恨心時，會使他的內心感到痛苦，便會相信「每個人都不想被他人激怒」，而其他人卻引起他的嗔恨心，他便「站在他人的角度」去想：「你不想被人激怒的話，你就不要激怒他人。」

他會說這句話，背後隱藏的思想來源就是「己所不欲，勿施於人」，但他只是借這句智慧來掩蓋自己的恐懼，他說出的只是知識，而並非運用出這句話。

「己所不欲，勿施於人」這句話背後的智慧非常地深廣。它並不是要你壓抑內心的各種情緒，然後不行自己所不希求之事，而是連內心的各種情緒都不要生起。

如果自己不希望別人對你打罵，就不要有打罵他人的心思；如果自己不希望別人在你背後說壞話，就莫要有任何欲想講人壞話的思想；如果自己不希望別人來干擾你，自己的內心就不應有一種想要干擾人的思想；如果自己不希望別人欺騙你，就完完全全地保持真誠心，絕不生起任何一種欺騙他人的思想。

思想一旦放下，便不會有相應的言語和行為，別人在你的言語和行為裡感受不到你所恐懼的事，便不會對你作出受你的意念影響的行為，自己便能自在生活。

這才能有智慧地運用這八個字，啟動了心中良知的作用。

諸善奉行，諸惡莫作

「諸善奉行，諸惡莫作」這八個字看似簡單，卻是最難做到的。以普通的角度去想，這八個字主要的信息便是對人有禮貌、多做善事、不傷害他人、不奪他人財產等等。

如果這些行為便是代表了這八個字的意思的話，那便看得有些表面了，只能以知識的層面理解這八個字，而不能貫徹地運用出來。

這八個字所蘊藏的含義非常深，諸善中的善是包括了運用一切解脫之法，使得自身不偏不倚，任何行為皆符合中庸之道，即使稍有偏頗，也能當下馬上改善，對任何人、事、物，皆散發出善念，以善念轉環境，而不被環境所動。

這種善念，是從心所引的，本身並無任何情緒的牽絆，不依外在環境的種種事而起，故自身的思緒無法被牽動，自然地作各種善行，自然地作一切善行。

反之，若是行二元之事，便是不斷地「犯錯」，即是行惡，諸惡莫作最高的層次，莫過於脫離二元。

第十二章・意念創造體驗

了解意念創造體驗的原理，便能突破時間的限制，唯有理解這個概念，才會逐漸地放下對時間的執著，沒有了時間，各種的二元對立便能逐漸放下，各種分別執著，才能慢慢地放下。

有時間的概念，便會生出無窮的二元現象，其實這些二元現象，並不是來自於外在，而是來自於內心的。

唯有當你內心發出一個自己是受害者的意念，別人的行為才能加害於你。唯有當你內心發出一個喜悅的念頭，別人的行為才會令你感覺到喜悅。

你的每一個意念，都在塑造著你的體驗。

假設你的朋友作出了一個行為是你所不認同的。你認為那是壞的行為。

你選擇了直接批評他，或是藉由一些技巧來批評他，使他產生沮喪的情緒。

無論你用什麼方法，最終都會由你自己承受，從而使你自己產生沮喪的情緒。

你的意念，就像一股股無法扭轉的能量，由你散發出去後，必然會改變著周遭的一切人、事、物。這個能量會保留在你的大腦裡，等待著相同的能量來與之相應，相應過後，它便消失了。

強烈而持續的意念會更快地改變周遭的環境，造就符合你意念的體驗來回應你意念。較弱的意念，則會等待更長的時間，等待環境配合，才能在生活中體驗到。

任何的體驗，都是在回應著你的意念，僅此而已。這些體驗所帶來的感受，便是你散發出意念時的感受。

如果有人主動地散發出能量，而這能量裡有極憤怒的情緒，那麼，這個能量會永久地保留在你的大腦裡，等到周遭環境變化，某一情況使你腦海中的能量產生共鳴，你便會有極憤怒的情緒。

一般的人，如果沒有達至解脫的智慧，當這種極憤怒的情緒湧上心頭時，他們難以觀察到這是內在發生的作用，便無法當下化解，如果能夠觀察到一切都是內心發生作用，便能化解，而若沒有足夠的智慧，單憑以道德來平復，則不是去化解內心的煩惱，只是強硬地壓制自己的內心，遲早會控制不住。這便是各種情緒病的來源，如果能夠徹底地通達這個原理，抑鬱症將會被治愈。

這些極憤怒的情緒，是有外在的某些事情作回應的，所以他們會把責任歸咎於外在，而用更憤怒的情緒去壓制外在所發生的事。

此時，他便又是主動地散發出能量，而這能量裡有更憤怒的情緒，等待著周遭環境變化，不斷地重複著這些情緒，惡性循環，越陷越深。任何極端的現象便是由每次極微小的念頭累積出來的。

若你覺得人生苦，障礙多，那麼人生處處皆是苦，無論你做任何事，都會感覺到環境一直在障礙著你，令你無法脫離，但是這都是內心作繭自縛的現象。

體驗與你是否散發意念是兩回事，不能混為一談，準確地說，體驗與你是否回應體驗是兩回事，更準確地說，體驗與當下的你無關，你當下仍有百分之百的自由去做任何事。

只是覺悟的遊戲到了最後，會發現一切皆空，唯有自性、真我常有，一切有關體驗的外在事物皆要放下。世間事實無任何一念一行值得自己去以假為真的。

第十三章・一花一世界

人迷失在世間的幻象中，受種種誘惑，難見實相，而做了一件極為矛盾的事。而人與實相即是同體，潛意識裡一直在尋找著它，卻錯誤地在外境中尋找完全不同的人來作對照，其實，這除了自我感覺良好外，並無法找到二元迷宮的出路。

世上絕不會有兩個一模一樣的人，即使偶遇性格相近的人，但大家的境遇、心境、家庭背景、人際關係都各有不同，對待他人的方式不同，思想、習慣、行事方式、毅力、能力都各有不同，每個人都會創造並經歷著屬於自己的人生。

每個人的人生都是獨立的，所有人都有自己所需要經歷的一切，所有所謂的苦樂兩種感受，都是相互依存，並無分別，最終都是導向苦和迷茫。這一切都由自己承受，並由自己看破，也由自己放下。

這本書僅僅是幫助人從內心去看問題，但解決問題的關鍵，仍是讀者自己。

很多人在經歷事情時，都會錯以為是外在阻礙了自己，使自己難以突破。實際上，外在並無任何問題，一絲毫問題都沒有，問題在於自己內在的執著。

假如你正在經歷使人快樂的事情，你心中便出現了二元迷宮，你因著滿足了某些缺陷而得到滿足，因此，你需要正視內心，觀察快樂的來源，理解它，並放下它，以免自己日後陷入痛苦之中。

假如你正在經歷使人煩惱的事情，你心中便出現了二元迷宮，你因著追求某些自認為自己所沒有的事物，因此，你需要正視內心，觀察煩惱的來源，理解它，並放下它，以免自己日後會重複不斷地陷入煩惱之中。

假如你正在經歷生離死別，為之而煩惱，你心中便出現了二元迷宮，你因著依賴他人，使自己獲得安全感，卻因他人的離去，浮現了你內心原存有的問題，因此，你需要正視內心，觀察煩惱的來源，理解它，並放下它，以免自己日後會重複不斷地陷入煩惱之中。

假如你正在經歷著許多看似身不由己，難以抉擇的事情，使你煩惱，你心中便出現了二元迷宮，你因著大腦的思考，以種種方法為己為利去做事，外境的出現，回應了你內心的執著，你需要正視內心，觀察煩惱的來源，理解它，並放下它，以免自己日後會重複不斷地陷入煩惱之中。

當你從所有對外境的關注轉為專注於內心時，你便能真正地感覺到，世界是美好的，而且，世界原本就是這麼美好。

不少人都有一個陋習，這是控制與依賴必會發生的事情，便是喜歡給他人諸多的建議。這種情況，一般是人習慣了將自己的經驗總結後，與他人的生活進行對比，對他人的生活產生了對與錯、好與壞的分別心，將自己認為好的方法告訴別人，作出了掌控他人世界的第一步。

在初期，不會出現太多的問題，因為一般施於者的念頭在初期提出建議時並不強烈，念頭也沒有反復的連續性，難以造成不可逆轉的控制現象。

可若是這種情況一旦持續下去，只會越來越惡化，接受者的依賴心會加強，若接受者沒有依賴心，反之，會出現反抗的心理。無論是哪一種情況，皆會使人活在他人的世界裡而行事，永遠難出二元世界。

放下掌控他人世界的念頭，放下給他人建議的念頭。每個人都是獨一無二的世界，你與他皆是同體，不然，他無法做出一些事情，來回應你的內心。你也無法在他身上觀察到你內心的執著。

正是因為所有人的心皆是相連的，人本身的能力便是能知道他人內心的想法，並不需要通過語言或文字，只因人迷失了太久，以為一切都需要經過自己一番描述，對方才能明了，於是執著越陷越深，直至喪失了這種天生的能力。

因此，放下在他人身上看到的各種現象吧！那些現象都與他人無關，只跟你有關係。

第十四章・願力

願力

願力是覺悟的必備條件之一，當願力足夠強大與持久時，便能超越一切二元的束縛。願力加上長期的覺察、看破、放下等實踐，配合持續地工作，保持著清淨心與平等心一段時間，足以超越二元的束縛。

願力不可小覷，一切的成就皆有乃願力的推動，在宇宙中，任何事情都有可能發生，只是看願力的大小是否能超越所謂的障礙與心中的煩惱，願力並沒有限制，基本上你想成為什麼都可以，乃至於你能成為任何你想成為的人，那個人也許是你的偶像、你的老師或是你的朋友。

甚至於你可以讓這願力只發揮很小的作用，例如只希望能夠有衣服穿、有地方住，能維持一日三餐。

當你以絕對的真誠心發出你的願力時，你已經成為了你所想成為的人，你已經獲得你想要得到的東西。整個世界於當下便發生變化，你所想要的東西，以及讓你成為你想要成為的一切條件將飛快地透過所有的人、事、物傳到你的手上，回應你的意念。

如果你想成為一個千萬富翁，所有能讓你成為千萬富翁的方法會以各種方式出現在你的體驗中，讓你唾手可得。如果你想成為一個有智慧的人，所有能讓你成為智者的方法會以各種方式出現在你的體驗中，讓你唾手可得。

你在發出願力的那一瞬間，你便是你所希望成為的人，對於一個內心絕對清淨無染的人，當下便具足一切，與其所願的一模一樣，無任何分別。唯有一種東西能夠阻礙願力的現行，那便是自己。

如果自己的內心存在著許多不可能性、客觀條件、思想、對立、執著等等諸如此類的煩惱，無論願力多麼大，下一刻便會被大腦中各種的想法所限制，這些想法存在的時間太長，累積的程度多如繁星，煩惱之中又會帶來數不盡的煩惱。

它們便是遏止願力實現的主要因素，因此，想把願力實現於生活中，必須要把願力高出一切煩惱之上，時時想念，並付出實際的行動，走向心中所願。直至這個願力能夠長久地於心中發揮作用，時刻超越一切限制，直至願望達成。而最巨大的願力莫過於徹底地去除一切煩惱，到達覺悟的境界。

16歲獨居的那一刻發現自己於一切聲音都消失之後，內心真正的想法，是想要成長，想要把自己變得最好。從而由低處，毫無障礙地運用強大的願力，迫使自己發生改變。

一開始想要讀書，後來找到更快的，於是想要賺錢，後來找到更快的，於是有了寫書的渴望，潛意識中已經習慣了從低處獲取能量，由願力推動自己產生強大的行動力。

在最後一次中，願力突破了二元的束縛，而覺悟了。而覺悟，正是「我」想要找到的。

所有煩惱的背後都有一個寶貴的智慧，那便是再也不陷入煩惱的解脫，所有的煩惱都是最佳的體驗，因為它意味著解脫。強大而穩固的願力可以幫助自己在面對煩惱時不退縮，而超越煩惱。

第十五章・放下：覺察

放下：覺察

放下的能力絕非是知識，無法透過背誦而得到。

心中要明白，任何體驗，都是回應你的意念，你會產生怎樣的情緒？感覺到什麼？那些情緒和感覺便是你自己。從始至終，無論你對他人有怎樣的感情，不斷重複著對他人的依戀，那至始至終都只是你自己的念頭而已。

面對體驗，若作出了回應，便是深化這種體驗。

面對體驗，若看清它只是回應你的意念，便能處於旁觀者不受影響，並選擇性放下。

放下的方法，便是在心中模擬回應意念後的後果，將這種後果仔細審視一番，了解自己為何曾經會有此意念？自己想要獲取什麼？為什麼會有這種缺乏？

但是要做到這種覺知非常地難，你必須現在就開始行動。

這種覺知，必須先完全察覺到自己極大部分的思言行，也就是你知道自己在做什麼？你知道自己在想什麼？你知道自己在說什麼話？會造成什麼影響？

許多人都缺乏了這種覺知，因為日常的習慣取代了他們的思想，日常的習慣會導致人越來越被動，無論是任何習慣，都有其漏洞，因為這些習慣，意味著自己不需要思考就能做出行為，不需要察覺自己思言行，就能作出機械性的行為。

如果加強這種覺知，那就要開始「知道」你自己在想什麼？說什麼？做什麼？這種「知道」，是需要極高的專注力的，把你的任何活動都定於一境之中。要達到此，不能一步登天，仍需按部就班，從日常生活中開始練習。

覺察的練習，我分為三個階段：

1. 靜態：冥想
2. 動態：觀察思言行
3. 動態：冥想＋觀察思言行

● 第一階段—「靜態：冥想」

在臨睡前，安排一段時間給自己來進行冥想，最好能每晚堅持，冥想，若不能長期持續，便很難到達真正的解脫。

冥想時間的長短：可量力而為，剛開始時，只需要維持5—10分鐘便可，一個星期後，便增加5分鐘，再過一個星期，再增加5分鐘。

冥想的地點：房間之內，在椅子上坐著，或在床上躺著亦可。

冥想的目的：

1. 讓心靜下來
2. 讓身體放鬆下來
3. 覺察著身體

4. 覺察著思想
5. 保持專注

我常運用的冥想，共有三種方法：分別是隨心、觀心、定心。三種冥想的方法可因讀者喜好隨意交換運用。若欲按部就班，從頭開始練習，可以先從隨心開始，隨後到觀心，最後是定心。

隨心

找一個舒適的椅子坐下來，坐的姿勢並沒有規定，只需要端正、舒適便可。或是選擇睡在床上，睡的姿勢也沒有規定，只要能使全身放鬆即可。

全身放鬆，盡量地使身體的每一個部位都放鬆。

此時，可能腦海中會想起許多的經歷，無論是過去的經歷，還是今日的種種經歷。這些經歷或許會勾引起你的情緒。

當這些過去所發生的事情勾引起你的情緒時，作一次深呼吸，每一次深呼吸，都作腹式呼吸，將空氣吸進腹部，再呼出。

深呼吸時，慢慢地吸氣，每一次吸氣時，盡量地使吸氣的過程緩慢下來，吸氣時，心中默念十秒。吸氣之後，再自然地、慢慢地呼氣，呼氣時，盡量地使呼氣的過程均勻和緩慢，呼氣時，心中默念十秒。

然後，繼續放鬆身體。

如若腦海中想起了過去的事或是未來的事時，心中不起半分波瀾，你如同第三者看著這些畫面時，冥想的第一階段可算是完成。

當你的冥想不受雜念的影響時，你便可以到達下一階段，如果你在進行後面的兩種冥想方法而感到困難，可隨時回到第一階段來進行冥想。

觀心

找一個舒適的椅子坐下來，坐的姿勢並沒有規定，只需要端正、舒適便可。或是選擇睡在床上，睡的姿勢也沒有規定，只要能使全身放鬆即可。

全身放鬆，盡量地使身體的每一個部位都放鬆。

將專注力放在自己的呼吸上，觀察著自己的呼吸。若是呼吸過於急促，不需要去刻意控制，先觀察著它一段時間，觀察著呼吸的過程。理解了自己在不知覺的情況下的呼吸狀況後，便嘗試自主地控制呼吸的過程。

每一次吸氣與呼氣的時間都保持十秒。

吸氣時，身體要保持放鬆，全身保持放鬆，吸氣的速度要均勻和緩慢，同時，觀察著空氣吸進肚子時的感覺，心中默念十秒。

呼氣時，身體要保持放鬆，全身保持放鬆，呼氣的速度要均勻和緩慢，同時，觀察著空氣從肚子裡呼出時的感覺，心中默念十秒。

若此時，有任何雜念出現，都不要去管它，重新把專注力放在自己的呼吸上，觀察著自己的呼吸。多加練習，便能提高專注力，行事時專注一致，使雜念不再現。

定心

定心的冥想練習為之後對自身的覺察有極大的作用。它是一種保持極度的專注的冥想。

在前兩種冥想方法的基礎下，各位練習冥想者應當能在冥想隨時隨刻保持心神專一、心靈寧靜，隨後便要開始把注意力移至雙眼中間的某一點。

進行冥想前，找一個椅子坐下或是在床上躺下。全身放鬆，使身體的每一個部位放鬆，並自然地呼吸。閉上眼睛，全神貫注地把專注力放在最中心點。

可以想象有一個小小的發光體在眼前，就在雙眼前的正中間位置，注視著它。同時身體保持放鬆，腹式呼吸時保持自然。

無論心中生起多少雜念，或是任何使自己轉移注意力的事情，都不要去理會。從始至終全神貫注地落在這一點之上。

一開始，如果不習慣，可以先冥想五分鐘，每星期增加五分鐘，逐漸增加時間的長度，切莫急功近利，貪一時之快，一次性冥想幾個小時。冥想所帶來的效果並非一兩日便能出現，欲速則不達，若不能每日堅持，便前功盡棄。

堅持下去，使心神永遠保持極高的專注。接下來便要開始進行覺察的第二階段。

● 第二階段—「觀察思言行」

第一階段的基礎，是為了第二階段作準備，逐漸把冥想時的狀態運用在日常生活中。

每一句話、每一個行動，都是由日積月累的思想所形成的。

假設你沒經歷過被騙的過程，沒有被人傷害過，你不會築起內心的防線說出「我不相信你」，也不會不聽從他人的建議。

每一種思想，都有其漏洞，因為這些思想都需要去「證明」它的存在，憑空捏造的東西，才需要證明其是否真實，再透過影響他人，使他人支持自己，才使得這些思想是真實不虛的。

但每一種思想都不是必須要存在的，存在的目的極其量是讓供人看破、放下、得智慧，再放下，得解脫。

這第二個階段的主要目的：

1. 行：冥想融入生活
2. 言：了解自己
3. 思：觀察因果

1. 行：冥想融入生活

練習一、覺知你所有的行為

練習二、對所有行為都尋找最舒適的姿態

在家中較為休閒的時候，最適合做這些練習。這些練習，隨時隨地可做，不受任何限制。

早上，剛醒來時，進入冥想的狀態，感受內心是喜悅的、清淨的。內心知道自己即將打開眼睛，開始準備經歷今天的一切事，知道起床後的第一件事是刷牙洗臉。打開眼睛後，感知著起身的動作，轉身將雙腳落地，穿上拖鞋，站起來。再轉身，抬起左腳，踏出第一步，走出房門，感受著每一個步伐。

從大腦的記憶中尋找廁所的位置，再抬起腳，走向廁所，每一個動作，都去尋找最舒適的感覺，有意識地掌控著你的每一個行為。

刷完牙洗完臉後，轉身踏步走出廁所，一步一步地再走向廚房喝今日的第一杯水，讓清淨之水流進你的身體，清淨你的腸胃。

在拿起杯子前，心中要知道自己準備拿起杯子喝水。你拿起杯子喝水時，心中要知道自己正在喝水。放下杯子時，要知道自己正在放下杯子。整個行為不需要太刻意，只需要有意識地做著這一切便可。

行走時，心中知道自己正在行走。

坐在椅子上時，心中也要知道自己正在坐著。

平時，大多數人在做著這一切時，都是無意識地在做，你每做一件事，甚至於你在泡咖啡的時候，心中大多都在想著其他的心事，完全忽視了當下所做之事，只是習慣性地做著每天都在做的事。

若你做每一件事情，心中想著其他的事情時，心中便有了過去和未來以及不同事情的擔憂，擔憂一旦灌滿你的內心，便會形成不斷累積的煩惱，煩惱覆蓋了清淨心，使真理久久不能現前。於是，使行一切事情都徒勞無功。

為何說行一切事情都徒勞無功？

人於世上，從小就要接觸教育，而教育的目的是為了培養一個人的品格，培養一個人的品格最終的目的，便是使一個人成為真君子，並非二元之君子。除了衣食住行能夠自理，成為真君子是父母對兒女的心願。

一花一世界，對於自己而言，開悟只是回復本來面目，超越所有定義、徹底地解脫，尋覓至真我，是一個人本就應做的事。

可若心中分別執著過深，煩惱萬千，便無法開悟。因此，覺察著自己的行為乃悟之基礎，將專注力放於完整的當下。

2. 言：了解自己

練習一、觀察自己所說過的話

練習二、反復地問自己：這是我「想」說的嗎

練習三、觀察你開口前，「想」說的原因

這三個練習或許會陪伴你的一生，直到你徹底地明白真理與世間語言中的分別。因為當你想要說出任何話，而就在你有一個「想」的念頭時，便已經遠離了真理，更別說你已經把話說出口，還要多加幾個形容詞，還要堅定自己的想法是正確的。

不以真理的角度去講話，便下二元，越說越迷糊，越想越迷茫。

開口說話前，應當先在腦中思量，

自己的這句話想要達到什麼目的？

對自己有什麼好處？

對自己又會帶來什麼壞處？

對他人有什麼好處？

對他人有什麼壞處？

有什麼思想在背後支撐著這句話的出現？

這些思想是對的還是錯的？

這些思想的來源是什麼？

來自朋友、家人、社會？是其他途徑？

這些思想的來源都可靠嗎？

他們平時有怎樣的表現能使我學習他們的思想而為自己所用？

對自己的好處是基於什麼標準？

這些標準的背後有怎樣的思想去支撐著？

這些思想可靠嗎？為什麼？

如果對他人有壞處，自己內心的感受是什麼？

為什麼會有這些感受？

這些感受有什麼意義？

為什麼要說這句話？有其他更好的選擇嗎？

一般人在交談對話的過程中，也許未真正清楚了解自己內心的想法，就妄下定論，使得人與人之間交談的言論變得更模糊。

對於這個現象，我很喜歡某個遊戲，這個遊戲能夠恰恰表現出一句話經過多人演繹後，意思已完全不同。

他人的思想並非如你所想

假設有12個人分別站在相連的12個間隔裡，每個間隔與間隔之間都有一個小窗口，使得兩個間隔間的人能面對面交談。然後，第一個間隔的人湊近處於第二個間隔的人的耳朵，跟他說一句話，讓他傳遞下去，第二個間隔的人再將這句話傳給第三個間隔的人，第三個間隔的人再將這句話傳給第四個間隔的人，如此類推。直到傳到第十二個間隔的人時，他在走出來說給第一個間隔的人聽，而他說的話已非原話，已然不是第一個間隔的人所說的話，意思已大不相同。

其實，現實中每時每刻都在出現著這一類的現象，只是沒有人察覺，也沒有人去提出這現象中所存在的矛盾。

每個人都有自己的世界，這個世界是獨一無二的。在交流的過程中，每個人在剎那的時間裡，只能運用自己的世界觀去理解他人的想法，而成為自己的話，即使他人的原意並非如此，但是僅僅在短短的時間裡，你為了能夠合理化地去理解，也許犯下了錯誤的知見。

舉一個例子，佛教中有一法門是四法印，四法印中其中一法印為「諸受是苦」。但你聽了這四法印，對「諸受是苦」有了印象，並不代表能夠靈活運用這四個字。

也許你聽了「諸受是苦」後，到處跟別人說他們的所有感受都是痛苦的。但那只會適得其反，因為對於你的內心而言，也許你尚未將自身所有的情緒都察覺出背後的苦，未能深刻體會「諸受是苦」，反而錯誤地運用四法印去加強你對他人的控制，對自己而言並沒有任何好處。

所以當你輕易而舉地向他人說出「諸受是苦」這四個字，那你的這句話便並非是你想要說的，背後隱藏著你的目的，這個目的很微細，察覺到它是放下的首要條件。

你的一切非你所想

你想要的未必是你想要的，你不想要的未必是你不想要的。

一個人會說出口的話，要麼就是為了表達自己的價值觀，要麼就是顯露潛意識中的思想，要麼就是跟別人說你想要什麼？

你或許想要得到財富，或許想要得到讚賞，或許想得到一份禮物，又或許想要有人陪伴。但在這背後，或許你是想要安全感，想要得到別人認同、得到別人的關注，想要有，想要依賴。而你想要的一切，都隱藏著你內心的那種原有的無明，人因無明而迷失，因迷失而脫離真理，因脫離真理而繼續迷失。

一旦迷失，內心得不到圓滿而變得缺乏，從而，想要尋求各種缺乏處的對立面，試圖平衡這一切，滿足自己的內心，負面的人渴望正面，脆弱的人渴望堅強，膽怯的人渴望勇敢。負面的人，想要改善自己時，會去留意正面的事物。脆弱的人，想要改善自己時，會主動把自己變得堅強。膽怯的人，想要改善自己時，會努力使自己更勇敢。

無論你處於何種境地，都難脫離這種缺乏的情況，其真正原因只是因為你脫離了真理實相。而你想要的一切，都未必是你想要的，當你徹底得到了你認為你「想要」的一切，你就不再想要它。

因為它不是真理，它不能給予你圓滿的解脫。

那麼，或許就衍生出一種極端的想法，難道所見所感知的一切都是自己所不需要的嗎？可以這麼說。但如果你因此而厭惡一切不如意的事，時常說：「我不要」、「我不需要」、「這不是我想要」。這又陷入了另一個二元對立的問題了。你不想要的未必就是你不想要的。

在你輕易地說出：「我不需要」之前，如果你並沒有覺察自己的內心，並作反復的思量，清楚地明白你這句話是如何說出口的。那麼，也許你只是在逃避著你自己所吸引而來的體驗。

你「不想要」的東西，你「不想」經歷的一切，都會影響你的情緒，它們使你產生抗拒的行為，這行為背後，有恐懼和某一種思想透過不斷地累積而使它看起來非常地真實，從而，徹底地侵入你的內心，掌控著你的行為。

如果你真正地理解這本書中的思想，遇到這種情況，反而是一件好事。

雖說覺悟的境界是超越的，頃刻間便再也感受不到煩惱。但如果要徹徹底底地圓滿，那必須歷一切事，破一切迷，對所有的煩惱都能察覺、明白，繼而真正地放下。

你所不想要的，只有煩惱，但是煩惱卻只代表了你內心的矛盾，以真理看破後，便是妙境所在，當下解脫。

這本書是我的體驗，當我察覺到一切並非由我過去所想時，許多過去的矛盾和執著，逐漸地被放下，心中的自由已無法言喻。

只不過，所有人的煩惱變成了我的煩惱，所以，我才寫得出這本書。

如果你的生活中有煩惱，請抱著一個即將覺悟的渴望去面對，煩惱便是解脫的途徑，煩惱與解脫就像黑與白的對立，互依互存。

3. 思：觀察因果

如何觀察因果？

我現在在生活中所接觸到的邏輯思考，它與使人解脫的因果式思考，基本上無任何關係。邏輯思考的背後充滿了人性的弱點，例如貪心、憤怒、癡迷，即使他們認為自己明白因果，但也只是把因果扭曲化。

貪心的人，所思所行的一切，都在計算著各種利弊得失之上，離不開金錢、利益、時間、物質。以因果的方式思考在他們的眼中是較為狹隘的，利益對於他們而言，大於一切。若你侵犯了他的利益，使他蒙受金錢上的損失，這是因，他極大可能心懷怨恨，內心遲遲不能平復，故此，將雙方之間的得失計算清楚，然後「大仁大義」地再向你施出他報復的方法，透過不同的手法，使你蒙受金錢上的損失，不過，在他的眼中，這只是果。因果法則受他的二元思想所染，變成了他追求最大利益的工具，將自己矛盾的思想與行為合理化。

嗔恨心過重的人，遇到絲毫的煩惱也無法平衡。或許，任何人在任何層面上干擾到他們，便足以遷怒他們的情緒。

一旦他們接觸外界，外界無法掌控的事情與他們的內在極端的二元思想產生了共鳴。例如家中的路由器突然壞了，自己被公司解僱了，家中的親人在同一天病倒送院，明天卻還要交付大量賬單等等，都會使他們無法保持對生活的掌控，無法掌控二元迷宮的變化而失控，瞬間奔潰的內心使他們重複著一個念頭：「我是一個受害者。」

不斷累積的想法會貫徹著他們的內心，使他們越來越堅信這一點，故此，他們需要加強對生活的掌控。只是，只要任何不如他們心意的變化，便會使得他們憤怒。

一個人若保持純正的念頭，也就是經由真理的教導而心中清淨的話，則能避免嗔恨心的侵擾，否則，任何道德的包裝都是虛假的，只等待著某一天控制不住，爆發而成魔，做出傷害他人的事。

在嗔恨心過重的人的眼裡，因果法則被憤怒所包裹著。任何人只要干擾到他們的思緒，這因，便會造成他們未來報復相關人等的果，這果，一旦發生，他們心中的憤怒，因報復的行為成功現行，報復對象的內心產生了極大痛苦而相對地消去。

繼而種下更極端的思想，這思想便是相信報復他人才能使自己得到內心的舒適感。

這種思想，是因，更形成了一股能量磁場，不但，為他吸引來更巨大的煩惱，使其極端的嗔恨心現行，還會跌入更深的惡性循環之中，在二元迷宮中受種種對立侵擾。

這種因無明而導致的顛倒思想，其背後邏輯思維看似正確，卻引人越陷越深。讀者在生活中時時能作此觀察，它不遠，就在當下，現代人的煩惱多不勝數，也許你現在就在為下一頓「豐富美食」的去處而煩惱。

癡迷於種種人、事、物的人也難以跳脫出這邏輯思維的牢籠。癡迷已是一種極端的依賴心，癡迷於遊戲的人會無法自拔，癡迷於愛戀的人無法離開伴侶，癡迷於各種事物的人，內心無法放下它們。因為它們的存在，會使癡迷的人感到心安。

任何外在事物當體即空，並不永恆，當下依賴，下一刻馬上便已不復存在（如果不消滅的話，人便失去了自由意志，人間便不再是人間），但下一刻又由人更執著的心念才能創造出來。由於外在一切事物，皆因與人內心創造的感覺產生共鳴才有其存在意義，而一切外在的意義實由人的內心所定。

外在的無限畫面皆由內心微妙的執著所造，這微妙的執著便是無明。

即使每一個當下都是脫離二元的最佳時機，但不幸陷入癡迷中的人依然很難跳脫出來。

癡迷於愛戀的人，若因伴侶無故分手，控制不住依賴的對象，也許會心生痛苦，繼而憤怒，誓要報復前度，而助長嗔恨心的演化。而因癡迷心的影響，他們因為失去了伴侶，內心所創造的感覺無法藉外在而對應，因此，又要尋找另一個對象再次癡迷。

癡迷於金錢的人，若因金錢無故散去，可能是突如其來的一場大病，可能是競爭對手的崛起及種種原因，使自己的公司陷入困境，錢財一掃而空，也許會心生痛苦，想要再次尋回大量的金錢而有幸翻生，或許就如吸血鬼般賺取大量的金錢，助長貪心的演化。

貪心、憤怒、癡迷，有其一必會使其餘兩項都越演越烈，他們可以有很好的邏輯思維，卻無法正確地運用因果法則。

因此，觀察因果的前提，便先要把邏輯思維和因果式思考分清楚，如果你能時常以正確的方式觀察因果，你便時時刻刻都走向覺悟。

前兩種覺察的方法，都已經使你獲得了覺察自身行為與思想，你在對話的過程中，都會時時刻刻察覺著自己的思想，如此開始升華至更高的水平。

因果是一個非常簡單的現象，簡單來說，你對別人所做的所有事，你自己最終都會以同樣的方式承受它。

這句話非常簡單，一旦你了解到這句話，你的人生將會徹底改變。

換個方式去說，你在承受著你對外在所做的一切，或者你在享受著你對外在所做的一切。

你對外在的各種作為，如果造成大幅度的傷害，你就會得到大幅度的傷害。

你對外在的各種作為，如果造成小幅度的傷害，你就會得到小幅度的傷害。

你對外在的各種作為，如果造成大幅度的改善，你就會得到大幅度的改善。

你對外在的各種作為，如果造成小幅度的改善，你就會得到小幅度的改善。

所以，無論任何體驗，是任何體驗，包括你的錢包無緣無故被小偷搶走、你感受到別人冤枉你，或是看似身不由己的體驗，全都是你吸引而來，他們的到來是果。

這些體驗只是回應你的內心，回應你之前對外在所做的事，僅此而已。如果你因為體驗的到來，使得你的內心產生了感受，而你繼續以更強的反應去回應外在的話。

這些體驗便是因，你的反應便是果。但是你的反應再次造成不同幅度傷害或改善，於是又種下了因，等待著未來體驗的到來。

只是無論任何傷害和改善都不是解脫，改善只是在問題的根源上用另一個問題去解決問題。任何你運用邏輯思維去想的一切，例如我考上大學，找到了一份高薪資的工作，我的人生就再也不需要去煩惱了。

這只是邏輯思維帶來的想法，但若以因果式思考，即使我考上了大學，找到了一份高薪資的工作，我對他人所做的一切事，還需要由我自己承受。

例如我經常去指使他人做事，使他人不適，這是因。現代的一切變化莫測，當我的處境較差時，別人會自然地對我施以同樣的控制，而我將會徹底地感受到我控制他人時對他人帶來的不適。

假如我經常關懷別人，視人如己，對他人保持絕對的真誠心和平等心，為他人赴湯蹈火，卻絕不求回報，那麼我也會體驗到他人對我保持絕對的真誠心和平等心且赴湯蹈火。

這種因果的現象，是絕對會發生的。

你把自己的錢財以正義的角度散出去，你便會得到更多的錢。

如果你非常吝嗇，一分一毫也不願意分給他人，你就會變得窮困。

你的富裕是由你自己一手建造出來的，不過這是建立在因果法則之上，並非因邏輯思維得來。但是你賺來的舒適生活和福分，總有一天會耗盡，並非永恆，樂的背後，依然是苦。

故你在觀察著這些體驗的因果循環時，需明白一件事，因果沒完沒了，皆是苦的牽連，因此，需要在任何體驗的到來時：

1. 觀察體驗到來的原因，知道它回應著內心的哪一種執著。
2. 對各種體驗的來龍去脈清楚明了。

3. 觀察內心的執著，模擬這種執著未來會引發的事。
4. 放下內心的執著，無論苦樂，內心都不對外在作出回應，只需要接受。

如此，在各種體驗中觀察因果，破好壞之分、善惡之分、多少之分，時刻放下，離覺悟又近一步。

● 第三階段—「冥想＋觀察思言行於生活」

這是屬於覺察練習的最後階段，再往上突破便是覺悟的境界。覺悟之後便如一個清醒的人，心再難動搖，亦永遠遠離一切顛倒黑白的思想，一切思言行的準則再也不從世間思想處獲得，而從悟境而來，心中的悟境會破一分無明思想，得一分清淨，普通的煩惱思想將難以撼動悟者的心境。

第三階段則是將前兩個階段的練習融合在一起，並建立在前兩個階段的基礎上，再更進一步運用在一切生活中，不僅有心如止水的狀態，即使在任何行動中亦能保持清淨，無論環境如何惡劣，內心多麼煎熬，心中亦能始終保持如一。

但讀者應該在進行第一階段及第二階段的練習時，每一刻都盡量用心去感受那份寧靜，用心去觀察思言行，用心去觀察因果，而盡最大的努力不要依靠大腦去分析，不要用大腦的思維能力去分析對與錯、好與壞，不需要去擔心，也不需要去抗拒，因為，你的一切煩惱皆從大腦的思考而來。

只要看完這本書，感受到這本書背後真正的源頭，你的思維層次與過去將會出現翻天覆地的變化。你將會完全變成全新的人，只要你以願力不斷地去突破，你將會放下一切舊的思維模式，重新載入全新的自己，走向無我的境界。

如要將前兩個階段全然地運用在生活之中，你應當會：

1. 時刻於行動中保持著冥想的寂靜。
2. 心中已拋棄一切有限且負面的思想，所有的能量都能傾注在行動中。
3. 對事情保持極度地專注和進行改善，從而不斷簡化自己的步驟而使任何行動都更快、更好。
4. 一切思言行不離正道，皆是以超越二元的智慧作為基礎。
5. 心中起煩惱時，能迅速觀心，以一切智慧破除煩惱。
6. 念念不離覺察著自身的思言行，長期與心保持密切的聯繫。
7. 不以自己的利益為先，以所有人的利益為先。
8. 專注於一事，毫無雜念，保持清淨心。
9. 專注於改善和平衡一切，無分別對立，保持平等心。

諸如此類的變化都會隨之而出現，只要用心去面對，用心來改變著這一切，這一切必定現原形而能破除煩惱的假象。

工作

在工作上，專注於一事並非是只做事，對其他諸事均一副事不關己的樣子。而是當理解了整個運作系統後，將心中的疑慮清除，再將所有能量傾注於行動中。

以全面的角度看待自己的工作。先在腦海中想象並理解整個行業系統發展的過程，再想象公司的運作過程，並留意公司所面臨的處境以及未來的發展方向，理解上司所面臨的處境，了解自己的崗位所發揮的作用，明了一切的過程中，致力地付出一切，不斷地改善、簡化及有條理地做好自己的工作，再不斷地改善、簡化及有條理地做好自己的工作，專注到極致，直至掌握自己工作上所有的細節。

以至於當自己在工作時能保持源源不斷的行動力，以及超越一切的毅力。

將思想與語言合一，對他人保持絕對地真誠，不說謊言。

亦因長期內省的能力，悉知當情緒升起時，即一切外在的價值觀皆為回應內在思想，而能迅速自省內心，觀察自己的執著並化解情緒，而不對外在一切事作任何評價，並理解他人，始終保持平等。

使得自己的工作於全面保持平衡。

社會

在社會上，應常作照耀智慧之光。在冥想的狀態中，時常保持心中的主動性，不受外界紛擾所動之時，亦能觀察並放下微妙的思想，從而不輕視他人，不判斷他人。不作使他人生苦之事，卻為他人之苦而苦，而去相助他人。為他人之樂而樂，同樂相融。

人需保持心中的主動性

如今社會，音聲繚繞，也算是「百花齊放」，卻難有一種道路是真正走向解脫之道的，不過太多的聲音混合在一起，日日夜夜都為人帶來無窮無盡的雜念。看到他人大吃大喝，想要滿足口欲；看到他人財源滾滾，又想方設法，增加收入；看到他人生活多姿多彩，又紛紛相仿。人與人之間，因互相比較而使得一切產生其意義。這意義看似真實，而且數量繁多，一旦不仔細觀察這些信息於腦海中出入的情況，便失去主動性，使自己變得被動。

一旦被動，便會自動地吸收更多非由自己所選擇的思想，自身便不斷地被外界而來的思想影響，使得自己的行為漸漸會因他人的想法而受干擾，最終，活在他人的世界之內。故此，為免以上的情況發現，便需要念念分明，使內心長期保持冥想的狀態，保持主動性，而不墮入心隨境轉的現象。

觀察並放下微妙思想

人於社會上，去交流、溝通，都會不經意地分析他人、判斷他人，便已經失去了主動性，而並非覺察、放下。

當在心中起念，認為他人美、善、惡、高、矮、胖、瘦、抗拒、歡樂、幸福、痛苦、有思想、無思想、逃避現實、勇猛精進，乃至一切的判斷，都要當即覺察並放下，這些想法，只會有更極端和更複雜的延伸，對一切解脫並無好處，或許唯一的好處，便是當你的思想越是極端卻在你放下之後，真正地了悟了事實真相，你的痛苦有多極端，你覺悟的境界便有多高。

家庭

對於家庭而言，普遍家庭，為何父母總是會認為兒女難教，而在子女的角度，也認為父母也總是不理解自己呢？

其實問題非常簡單，因為這些家庭的發展並非走向解脫。若要使家庭走向解脫，家庭中只需有一位超越生死的清淨解脫之人。

這位清淨解脫之人，必會是深入閱讀此書的人，因為這本書的最後，必然會指向一個真正解脫之路。

一個家庭，之所以不和諧是因為父母子女之間各自有自己的欲求。

子女在出生之後，便自然地依賴著父母，卻又因帶著自身的思想而不願受全方面的控制。

父母經歷過各種的生活後，簡易地總結了人生的生活方式和過程，套在子女的身上，為子女安排自己所總結的人生。

但如果你能長期地進行前兩個階段的練習以及吸收了整本書的思想，你會發現一個現象，生活並無所謂的公式，念念皆苦，皆是迷茫的開始，並不需要去掌控。

任何來到生活中的事，都是必須要發生的，假如有家庭有各種不如意的事，影響了每個家庭成員的內心，這事是必須要發生的。

但是作為一個走向解脫的人，能化解一切災難，他明白所有的苦都是由自己的執著而來，即使家庭成員中有任何人有不安的情緒，亦能使家庭繼續和樂融融。

這做法便是：解脫之人，無論身為丈夫、妻子、兒子或女兒。

1. 應當在一切問題前觀心，化解內心矛盾，保持內心的清淨而不受動搖。
2. 仔細地感受其他家庭成員所受之苦，明白其他家庭成員內心的執著。
3. 安排一次家庭活動，用心與家人溝通。
4. 溝通的過程，心中要感受對方的處境，以對方的角度去思考。
5. 不需說出自己的建議，只需要透過引導，讓對方知道自己的想法便可。

每個人的心都是一個世界，超越一切的世界。那裡有無數的寶藏。僅僅是找到這條路的方法，已經是一個寶藏。

只要讓他的心完全開發，於寶藏中發現智慧、真理，便已超越所有在體驗中設定的路線。

覺察是一個回歸心的路程，它的終點便是找回本心，與心相融。人與人之間最重要的溝通工具，並非語言，也非說出口的話，而是心的感受，最適合人的交流方式，就是保持真誠心。

第十六章・放下：生活的選擇

放下：生活的選擇

如能長期習慣於覺察的過程，每個當下應是極為理性的，而能在各種負面情緒中迅速抽離。

因此，便能理性地選擇走向解脫的生活：

1. 放下一切導致貪婪、癡迷、憤怒的思想
2. 竭盡所能做一份普通的工作
3. 以夢想的方式追求覺悟
4. 顯露真理與智慧

追求覺悟的過程必須以強大的願力，承受常人所不能忍受，仍長期持有清淨心與平等心突破假象的束縛，到達真正覺悟的境界。這種願力，不能被一切看上去不如意的事所動搖，只要內心不曾認輸，便有東山再起的可能，在所有困難來臨時，皆能看清引起煩惱的原因，繼而即刻放下，保持清淨心並持有。

現在透過覺察的練習已清楚理解所有事情皆為自己所吸引，當事情來到生命中時，皆是回應內心，必是要止息一切煩惱，以清淨心去面對。

如此，便要理性地專注於處理任何事情為則，無論做任何事，皆以最高行動力、專注力、毅力如實地解決任何實際問題。而能在各種工作中持續地獲得源源不斷的行動力，來為覺悟之路作安排。

工作是為了使生活無後顧之憂，如此才能踏入另一個旅程。

在自己的生命中發現原有的覺悟之路。（我希望每個看完這本書的讀者，能在書中對照到自身的處境，而真正地能夠踏上這條屬於自己的路）

從覺悟的角度來看，無論是任何處境，都能在當下經引導而發現自身的問題，迅速地以悟境的角度契入那矛盾處，從而改變人內心對原有思想的執著。

明白這句話的人，則代表自己已知道任何處境都有機會接觸真我，相比之下，比未認識到真理的人更幸運，更有機會選擇自己的未來。

走向覺悟，有其必然的規律，最後若要走向徹底的解脫，過往許多大師所使用的方法都是無差別的。只是在開頭之時，唯有一個方法能使眾人輕易接受。

這條方法便是追求自己的夢想，存於心中的夢想。這個夢想，不需與他人競爭，它一直只屬於你自己。追求夢想的過程，就像一條追求智慧的捷徑。

它需要深入內心，理解自己，發掘自己，加強自己的能力，這件事也沒有任何競爭，每個人都在自己的世界裡尋找。

尋找自己的過程，是尋找真理的捷徑，雖然尚未是最佳捷徑，卻是唯一一條輕易讓人嘗試「走出」二元迷宮的路。

因為它需要經歷大量的內心省察。

除了固定工作之外，夢想是其中一條極為簡單的方法，去發掘內心的智慧，進而踏上尋求真理之路。

每個人在自己的世界裡，都有其最獨特的方法，而當人踏上這條路，便無法被批評。

「夢想絕對正義且又不自私自利，它的種子極其微小，根本看不見蹤影，連顯微鏡都看不到，因為它只在人的內心，若未成形便放在桌子上供大家觀賞只會任人嘲笑。

卻在發芽成熟結出果實後，震驚四座。其威力強大，不可小覷，更能養育他人。

夢想只活在自己的內心，而不在他人的眼中，不受他人影響。

夢想，是不能參考的，只有自己知道，只有自己能夠描述出來。

觀照許多達成夢想的人總有一個特點，便是都能有卓越的成績，實踐與理論並重，而且變幻莫測。

夢想有著無限的可能性，即使追求夢想的本人也不明白夢想的終點在哪？更不知道它的下一步。

夢想是不能被一條固定的計劃覆蓋住的。

直到生命終結，夢想的果實依然在變化。

追求夢想，將夢想放在第一位，將一切放於其次或徹底放下，是踏上自由之路的最佳選擇。

夢想，在一切價值觀之外，在實現之前，看起來荒唐可笑，唯有相信它會實現的自己，從不覺得可笑。

對於夢想而言，價值觀，是作繭自縛。

在夢想的最高點，沒有任何人的聲音，只有自己和它的單獨相處。」

不需要因世上哪一種工作的工資最多而定性為自己的夢想，也不需要因為家人、朋友的看法而埋沒自己的無限潛能，那只是大腦的牽連。

如果你內心想要成為一個歌唱家，努力去實現。

如果你內心想要成為一名畫家，努力去實現。

如果你內心想要成為一名科學家，努力去實現。

如果你內心想要成為一名演說家，努力去實現。

你是一個世界，完美而獨特的世界，完全把你的潛能發揮出來便是展現你的世界。更重要的是，無論你如何展現你的世界，都是別人所需要的。

圓滿的你充滿了智慧與一切展現智慧的能力，這種智慧與能力最終會成為照耀真理的燈，而與一切不同的世界相融。因為在真理內，一切平等。

走向真理所運用的大大小小的智慧，皆是平等、無差別的，如同你以誠心捐出一元或他人誠心地捐出一億元，都是毫無差別的。

將你的夢想追求至極致時，中間的一切過程便是智慧，當完全把它放下，真理便出現了。

第十七章・放下：看破

放下：看破

由身體「接觸」的一切，都在剎那生滅，所有外在物質以及無形情感皆是自己「一廂情願」，由自己的幻想而來。

一切「所得」，無論多或少，總有一天會離去。當一切「所得」，在離去時，無限起伏不定的思緒，卻無法平息，會使人無止盡地沉溺下去。

一切「所得」，看似得到手，卻也只是暫得，「轉眼」逝去。

一切幻想或外在之物，若是在得到之初，對其交付出自己的心，心中感覺到它是自己的，不願捨去，這顆種子，會永久存在於世間，等待現行，讓自己再次體驗，不會離去。

若不能看清此況，便時刻皆苦，無絲毫解脫而言。

得如無得，方自在

任何所得，皆不動心。若在當下不能定心防止起心動念的延伸，一旦被此念延伸下去，便如同捉迷藏般，需要與各種念頭進行長期的觀照，經過各種體驗，尋找它們的下落，在它們生起時，發現它們，仔細地觀照，以無為的智慧化解，從而放下。

此時此刻所得到的一切，在臨終時都會失去，失去則無法留戀，自身所得附帶的一切情感的牽連必須放下，如放不下，則因業隨身再次輪迴，不知何年何月能再借人身修行。

既然此刻所得的一切所附帶的情感牽連，臨終時都必須要放下，即是在臨終前必須找一段時間學習將其放下。只是這種「放下」並不是想學習便能學習得了的，一旦把學習的機會放至下一刻，拖至未來，便很難真的專注於當下，放下所有牽連。

既然不能將放下的過程拖至未來，或是下一刻，即是需要當下執行，當下便要學習放下一切任何得到的一切，當下所生起的念頭，無論是任何念頭，都會在下一個念頭生起時起連鎖反應。

例如我從幾千元儲蓄的情況中，突然得到一億，我腦中便有這樣的念頭：「我有一億」，若是連接著前面的念頭，延伸出下一個念頭：「我可以拿去買房子、度假、做生意、吃大餐」，這樣我便開始出現了各種各樣的煩惱，當這些煩惱，重疊了無數層時，我便幾乎無法放下這些妄想，心中亦存著極大希望。而就在明天，因某些事情的出現，使我損失了這一億元，我的心便會徹底地被這件事的出現而牽動情緒。

這一億元不但能使我陷入被動，享受不勞而獲，讓懶惰心得以存活，還能滿足各種各樣的慾望，並且我在同一天便已經計劃好了花費的一切計劃，如今卻失去了。我的心如山崩地裂，而且遲遲不能恢復，無論過了多久，心依然停留在財富離去的那一刻，無法振作。

而這種心態所展現出來的狀態，是絕對可以放下的。放下的最佳時機，便是剛得到的那一刻，當我腦中有了這樣的念頭：「我有一億」，便應該放下這個念頭，不要再為這一億元產生多餘的遐想，也不需要想著如何處理它。

得到任何的事物，都不需要為其產生絲毫的念頭，便能斷掉所有後續的念頭，而當第一念產生時，下一刻便放下了，第一念也就無絲毫意義。

如此，得到便如無得，無得便無煩惱的生起，便無各種的牽絆，心便自在，只是若能自然如此，到此境界時，已經覺悟了。

任何身外物皆不可得

你的身外物，除了金錢，包括一切你所擁有的資產，汽車、房子、股票，或是無形權力、地位，都在時時刻刻地告訴你，你是誰？卻因此操控了你的內心，不斷地牽動著你的情緒。

你得到了這一切會牽動你的情緒，使你陷入二元，於二元之內不斷地徘徊，與此同時，你擔心這一切會失去，情緒便也不斷地因外在所擁有的一切產生變化，影響著內心的清淨。

當你失去了這一切，外在的失去又會牽動你的情緒，你因不捨得而使你內心跌入低谷。為了使得這一切得失的過程都有意義，你又會想起得到這一切之時的種種愉悅，向外界宣佈你曾得到這一切，向外界宣佈你的人生是有價值的。

只是這種不捨，是一種癡迷；若你再次得到這些權利、地位、資產時，你會想要更多，而衍生出了貪婪；這些外在物，覆蓋了你背後的恐懼，若有人指出你的恐懼，你又會憤怒。

得到身外物，最終引向的方向，是貪婪、憤怒和癡迷。

若是不在當下止息藉由外在而來的煩惱，一生都難以切斷外在的牽連。或許，不需要一生，待到某年某月，你所擁有的資產突然離你而去，屆時，即使你不去放下，也必須要放下。只是放下的功力非一日可能成就，迷迷糊糊尋找所有方法或許都難以放下。

嘗試理解這句話，「我的所有煩惱，都是為了符合外在世界。外在世界只會告訴自己去得到更多，煩惱是源於有。當我知道我此刻什麼都沒得到時，我便自由了。得一切如無得任何一物，方自在。」

真正的解脫，便是知道自己什麼都沒得到。

任何情感關係不可得

這或許會顯得一點無情，但是親友愛情的牽連卻是很深的，親情或許已經固定，無法改變，卻也能因看破執念而使關係更加鞏固。

友情

友情使得二人之間互相影響、互相依賴，依賴了之後，便互相以自己的價值觀去互相控制，會使人為朋友作出種種行為。但這一切的意義，都是建基於朋友的。

例如自己賺了大錢或是探訪老人院、表演魔術、參加歌唱比賽得到冠軍等等諸如此類的事情，若是無人知曉，你所做的一切，便毫無意義，你需要一個外人，或是你所重視的人，知道你做了這一切，為你這一切行為附上了意義，你的行為才會有意義。

這個你所重視的人，若非親人、愛人，便是朋友。若你所重視的朋友並不在乎你所做的一切，即使你是得獎或是捐一億給慈善機構，你也會覺得毫無意義。你的朋友，對你的影響甚為深廣。

朋友之間的相處就像是互相討好的過程，互相為對方所作的事情表示讚同，即使是極端，也會因朋友二字的關係輕易抹去一切看似矛盾的事，而表示認同。例如朋友合作，騙取他人財物；為朋友大打出手，而不以理服眾；互相認同使人貪婪、憤怒、癡迷的言論，而導致自己越陷越深。

真正好的朋友導人向善，使人走向解脫的朋友。可是這種朋友，已經不是朋友，已然超越了朋友的關係，不可言。朋友會使得兩人互相依賴，走向解脫的朋友，已經不存在任何情緒上的牽連，無法互相依賴。

看破朋友之間的關係前，必須先明白一切所得皆無得，看清並放下朋友對自己的控制，才能逐漸放下友情的枷鎖。

愛情

愛情，是覺悟路上最難放下的一種關係，因為從沒有人想過要放下它。

一段愛情，可以包容所有二元的存在，包括高低、上下、內外、強弱、好壞，都能成為戀愛的助手，能使其看似美好。

愛情，是兩個人的事情，只屬於男女雙方，雙方互相在其身上尋找自己所需要的魅力，來滿足自己的缺乏。

愛情通常並無底線，兩人之間的相處，情有多深，互相的依賴以及彼此之間的控制也就有多深。可以達到瘋狂地癡迷、對對方極度地貪婪，又因對方不合自己心意而怨恨萬分。

這些感覺因雙方互相認同和影響，非常地真實，不過一對戀人都有熱戀期，熱戀期間，藉著相信對方能滿足自己一切而產生足夠強烈的戀愛和溫暖的感覺。

熱戀期一過，一切開始發生變化，隨著互相深入了解後，更全面地看到了對方的優點與缺點，一旦與自己內心所渴望的那種魅力不相符，就表示著對方已滿足不了自己的渴望。過去的火熱變相成為相等的冰冷。感情迅速地地冷卻下來，加速了感情的斷裂。人又因懷戀初期那種互相依賴與控制，徹底地全心投入的那種溫暖。再次向外尋找適合自己當下狀態所需要的魅力。

如此不斷循環，只要腦中能創造出感覺，便從不停止。而且愛情既可寶貴又可廉價，「彈性十足」、「隨手可得」，亦無人干涉、無人反對，又可滿足內心缺乏，是良好的依賴物，故幾乎不可能主動地深入內心尋找它的矛盾，看破它的矛盾之處。

覺悟的終點，必然會放下為己的愛情，但又因心能感受所有人的內心，感受到對方的苦，而轉化出更大的愛，此愛便不是為了自己，而是為了所有人的需求。這愛便是大愛。

為己的愛情，被稱之為小愛，這種小愛看起來很甜蜜、很幸福，卻隱藏著難斷的執念，這種執念便是借另一半隱藏自己的所有問題。

這些問題，其中的幾個便包括：害怕失去愛、害怕得不到外在的關注、害怕自己得不到認同、害怕失去對立來感知自己的存在。

這便浮現出原始的問題，人時常感覺到孤獨。不過這種孤獨，能在人把視線轉於外在前便清除掉，如何清除呢?便是不再對外產生任何遐想，不分內外之別，只專注於當下的一念，便能清除，這種專注力因人而異，只要能做到於當下無絲毫雜念便可。

即類似我在覺悟前那幾年裡，每一次運用這種專注力時，都無絲毫雜念，這種專注力等同於一次又一次的願力的累積，直至我覺悟前的那份工作，達至了巔峰，超越了我本身的業力，而覺悟了，再也不會感受到孤獨。

現在的我，若不尋求於外在，心可住於何處呢？心幾乎不會住在外在的任何價值觀之上，要住時，便在腦中憶念最高智慧的模樣，自然便得前所未有的歡喜。

如果情侶之間，某一人覺悟了，這種愛情會變成怎樣的愛情呢？

我想大概這種愛情會變成心與心交流的愛情，而並非為己私利的愛情。兩者之間不再互取己需，悟方會以悟的方式去體會另一半的生活，再以智慧引導，使兩人之間的關係超越一般戀情中的小愛。

此愛情便超越一般愛情，只是仍有牽絆，若是悟方能有更圓滿解脫的智慧引導，便能完全超越愛情的需求，將另一半引入覺悟之路。再於日常生活中觀察對於愛情存在著怎樣的執著，以悟之境引導，便能一點一點地看破，走向更圓滿的解脫了。

親情

親人與自己血濃於水，無法分割，與親人之間身份是永久不可改變的。但於大腦中的牽絆，卻是額外添加的。

例如父母過度擔心孩子考試的成績、孩子期望得到父母陪伴的關愛以及長輩對後輩種種的期望，都是額外添加的牽絆，這些牽絆影響了對方的思維，使對方抗拒時，二元迷宮的現象只會有增無減。

以悟境的角度去看，可讀書識字，但不需要強求或到達某種高度，因為知識並不會使人開悟解脫。反而要了解小孩的言語習慣、動作，判斷出其未來優勢。判斷出後，於每日生活中添加其範圍內物品，讓他自己去取。

例如觀察出小孩喜歡畫畫，便買一排畫筆回家；小孩喜歡看書，便買一本書回家。小孩若是像我未成年時一樣，終日遊戲，那便代表自己的控制已過度，使得小孩念念皆是抗拒，當以完全放手為主，再以自身做榜樣，接觸無上的智慧，例如佛法、道德經、聖經等等，日夜念誦各種經文。

除了化解自身的矛盾與煩惱之外，煩惱消失了，自己不再陷入控制與依賴的陷阱中，自己與小孩之間的各種由意念所產生的體驗都會消失，此時，小孩才會得到解脫，才知道自己是有選擇的餘地，並非時刻受控制，才會盡全力追求自己想要得到的事物，而不是盡全力抗拒家人。

故自身便要深入理解一花一世界中的智慧，理解任何人的遭遇，都是自身所吸引，唯有自己主動察覺這一切方可看破放下，所有人的心皆是一切智慧的泉源，故不需強行添加知識或技能亦已是圓滿。

從小孩的角度，若能接觸智慧，把智慧運用出來時，也應該要以無盡的寬容和耐心去體諒父母的角度，以父母的角度去思考，明白父母想要得到的結果，將這結果與自身追求屬於自己的能力結合。

比如父母希望你能考上大學，日後當醫生或是律師，其目的是想要得到其他家庭的羨慕或是讓自己未來的生活不再擔憂。

但只要全力發展自己的能力以及找一份工作過生活，當這能力足以解決大多數人的問題，或得大多數人的認同，其成長的果實，也足以使未來的生活不再擔憂，更能得到其他家庭羨慕。而不一定需要根據父母對過去生活的認識所制定的將來而行。

一切對生活的執著，背後必有一法能使執著失效而現菩提智慧，若要觀察這法，便必須要以覺悟為終極目標，配合強大的願力，下定決心，超越一切煩惱，以智慧破父子之間、母女之間的牽絆，關係便能更勝從前。

第十八章・活在當下

活在當下，是一個全然寧靜的生活，內心將會持續、長久地感覺到這種寧靜。前面所有的章節，都是為了活在當下而寫，觀二元現象，破二元假象，放下二元，整個過程是為了讓自己徹底地解脫，從二元中跳脫出來。整個放下的練習就是活在當下，任何對當下各種情緒的覺察，在生活上對種種行為的覺察，對思想以及言語的覺察，通通都是為了練習使人活在當下。

所有的認識，好的認識或是不好的認識，最終都要回到自己的心，回到自己與心相融的生活方式，便是活在當下。

活在當下，是覺悟的生活，這種生活能產生無限的智慧，它跟活在過去與未來完全不同，活在過去與未來只會帶來煩惱，而活在當下則是帶來智慧，更確切地說，活在當下是人成為悟者必要了解的一種生活方式。

真正活在當下的生活，會使人內心充滿喜悅，變得富足、快樂，因為，它是心的生活。人的心便是真我，找到真我，便能在每一個當下都活在解脫之中，能把一切境界轉成妙境，順境會引人的情緒起高傲心，逆境會引人的情緒起自卑心，故不依順境，不依逆境，不對外境產生的任何分別。只不過若心中有強烈的執著和煩惱，則不適宜一下子接受整本書所有的觀念。因此，我會粗略地介紹與煩惱執著相似的二元，再一步步看破，並最終學會活在當下。

真正使自身去除一切煩惱的生活方式，唯有活在當下，它是生活愉悅的基礎，無論貧富貴賤，皆能因活在當下而獲得解脫，活在當下並無時間、地點的限制。這種生活方式是為了與心徹底地相融，一旦與心相融，將徹底超越一切限制、思想、價值觀，到達不可說的境界，即使他身無分文，都是極為富有之人。

所有場景，都是練習活在當下的最佳之選，無論是地鐵、馬路、街市、商場、超市等等任何人流多的地方，若能干擾你，便是好場地，若不能干擾你，更是好場地。不僅是寂靜的公園、森林，即使是人流多的地方，也同樣能作為活在當下的最佳場所，其實處處皆是練習場地，若處處皆是障礙，則處處皆是妙境。

學習活在當下的人，應將任何成長都視為當下行動的基礎，從不分別這些成長到底是好還是壞，快還是慢，即使分別過後，也要能夠察覺並放下。

無論你獲得多少智慧、多少知識、多少技能，都不需與過去作比較，與過去作比較會生起驕傲。當你獲得這些智慧、知識、技能時，下一刻便把它用在生活上，無需猶疑、無需拖延。上一刻學習，下一刻運用。盡全力去學習好的思言行，在煩惱來時，再觀察其矛盾之處，化解後再運用出來，直到思想幾乎已無任何差誤，便將所有的精力傾注於行動之上。

運用在各種工作上時，深化對智慧、知識、技能的運用，並不斷地加強工作效率，簡化工作步驟。運用在生活時，將生活當作工作般重視，使得生活快慢有序、有節奏、有效率，將生活上的步驟減少，例如剛弄髒了桌子，隨即便拿抹布擦乾淨。念念分明，每一個生活細節都掌握在手中，感知著自己的生活便如同將整個宇宙放在腦海中去體驗。

金錢較少，不隨意花。金錢較多，也不隨意花。

一個月的工資若有一萬元的，便用於維持自己的最低需求，使得自己有飽飯吃，有衣服穿，有地方住；一個月的工資若有兩萬元的，便用於維持自己的最低需求，使得自己有飽飯吃，有衣服穿，有地方住。剩餘的錢，隨緣運用於生活中。如果有人問你要錢，你就給他；如果有人問你捐款，你便給他；如果有人朋友問你借錢，你便借給他。付錢的時候不需要猶豫，事後也不需要掛在心上。

若是午餐只有麵包，就將這個麵包視為美好的一餐，感謝這個麵包維持了自己的生命；若是午餐有一桌豐富美味的菜餚，心中便將這頓飯視為美好的一餐，感謝這頓飯維持了自己的生命；若是午餐沒有著落，沒有食物下肚，便繼續自己日常的生活，工作便工作，學習便學習。

感到飢餓便覓食充飢，飽餐後繼續一天的工作。對於工作，並不需要特意花費精力去尋找好的工作，也不需要為工作而煩惱，因為你的生命意義並不在這些工作之上。工作時，專注地工作，將自己所有的精力傾注於解決問題之上，不斷地簡化工作步驟與增加工作效率。

當情緒湧上心頭，對於練習活在當下的人，反而是令人振奮和喜悅的事情，情緒是執著，背後隱藏著解脫的智慧。過去的執著放不下，當下因環境出現了，便能藉此良機破迷解脫。無論情緒帶來多大的煩惱，活在當下必須敢於深入煩惱中，定下心來，不被煩惱影響，反而牢牢抓緊煩惱，仔細地觀察一番，去化解自己曾經深信不疑的執念，此過程便像是反對自己的行為，自己的執著有多深，反對的強度便有多大。此過程，內心可能會感到痛苦，但一切都是暫時的，看破後，心如同雄鷹展翅，能於空中自由地飛翔。

活在當下，不需要為未來的生活作計劃，也不需要回想過去。因為當你想要定下心來，並打算活在當下時，你想要走的路是一條回到心的路，心是絕對寂靜的，與煩躁的大腦活動完全相反。

你的大腦與心難以和諧一致，大腦中的各種思想自然便會跑來找你，因此，並不需要你自己動念回望過去去尋找它的下處。

真正地活在當下是覺悟的終點，因為它表示著內心對所有的問題已徹底地明了，再也不會受生活上各種問題的困擾，已經體驗過一切問題所造成的苦，也已經體驗過於一切問題中看破並放下，隨順自然去生活。

活在當下將會是苦行，此過程可謂是非常地苦，但是這些苦並不是由外在給你的，而是因內在對外境的極端的執著所引起的，每一次感受到內心極苦時，其實都是內心有著難以察覺的執著。

這些苦，涉及了你人生的所有層面，包括你的身體、親情、友情、愛情、工作、價值觀、思想、情緒，甚至是當你無聊時，打算拿起手機隨意翻看的這種起心動念，都隱藏著內心對真理實相的不明，都有著看破、放下的需要。

活在當下，必會全心地面對當下的事情，但情緒將會與之抗衡，原因便在於回想過去。

即使你明白活在當下的好處以及其必要性，當你真的如此去生活時，你由明白活在當下的好處以及其必要性的那一刻開始，你便希望能有所成績，這成績必須要與過去作出一個對比，你才能知道自己的方法是否有效？

知道自己的方法有效，便容易生起我慢心，於是心便動了，接下來，便要時刻控制好自己，繼續活在當下，卻在控制的過程中，產生害怕失控的焦慮，引發一連串的情緒後。也許，你會放棄，再也不練習活在當下。

如此，活在當下有一個特點，便是不以活在當下為目的，但你活在了當下。不活在當下，也不活在過去，更不活在未來，你便是活在當下。

若論活在當下的最佳教學，並非這本書，而是佛學，最好的方法，便是佛法，能夠支撐我作完這本書，背後的靠山，便是佛法。若無佛法，我便不知道，我所寫的是對還是錯，若無佛法，便沒有這本書。

因此，當日常生活中，除了維持最基本的需求之外，其餘的時間亦可以自己的方式追求最高的智慧為主，而我則是以思考與文字去接觸它。

當我開始活在當下，用心去生活，我在他人身上感受到的一切都是我自己。

第十九章・心

你的心是一個非常非常被動的「我」，它雖然擁有無限的智慧，帶來超越性的解脫，不可比擬的喜悅，卻並不主動干涉你的生活，它從始至終都是如如不動的，永遠於最深處無任何變化。看似在等待著你回到它之內，卻也沒有等你，隨你任意妄為，一旦你真正地找到了它，一切的煩惱便消失了，當下的生命並沒有任何考驗，沒有任何抗拒，你的真我是一塵不染的。

如果說，要融合真我去體驗生活，那種生活便是活在當下。

你的心並非依賴於外在，外在的一切享受反而是遠離心的行為。努力將自己的各種慾望降到最低，克制自己的消費習慣，因為一旦你放縱了你的行為，你的心便無法感受到當下，而你的生活將由你的大腦去控制，你的大腦會享受各種慾望，而且你的大腦會藉各種享受產生無限的幻想，再指揮你的各種感官去接觸外在，最後，你的各種感官反而成為自己的主人，不斷地想要得到各種刺激，生活便顛倒了。

真我並不需要依靠任何的外在之物，包括你的書籍、玩具、金錢以及各種情感。它亦不是需要你去找它，它沒有任何渴求，只是當你找到它，你便是找到了自己，這是原本的你，一塵不染的你。藉它來驅動生活的方方面面，便會生出智慧。

這種智慧主要會根據幾個基礎，第一，放下大腦對外在的執著；第二，不引起他人的情緒；第三，作出符合心的思言行；第四，引導他人尋找自己的心，從執著中解脫。

第三點，是一件非常非常難的事，因為一旦人作出了各種思言行，便已啟動了大腦的作用，大腦很容易便會被外在各種聲音所吸引，轉移了自己的注意力，更取代了心，作出各種指令去生活。

若要把大腦降服，對於是否覺悟的人，這都會是個很漫長的過程。但是每降一層，大腦的執著越少，便越能與心互相「交流」，生活便越是自由，最圓滿的終點，便是當大腦中的執著徹底清除完畢後，與心完全融合，以至於讓生活處處皆是以心主導。

一旦能以心與心交流，人生便會徹底改變，人與人之間的交流，會變得既真誠又輕鬆，坦誠相對，每一句話皆從內心流露出來，不刻意，不執著。

第二十章・覺悟的生活

若是眾人覺悟，那樣，世間的生活將如同天國般，不僅自由，物質享受更能空前的豐富。

若是大多數人都已覺悟，世間將不再需要金錢，用金錢來購物的世界將會不復存在。

原因是覺悟的人體驗到萬物同體，實際上，並沒有你我之別，知道一切體驗皆是回應內心，感受到對方的感受即是自己的感受，對方的存在是為了回應自己的存在。

照顧對方的感受使對方喜悅，而感受到對方的喜悅時，也使自己內心獲得喜悅。

世界運行的方式依然如舊，改變的是，金錢不見了，一切物質將無私奉獻，沒有人會再為金錢而擔憂。

覺悟的人必將以大眾的問題視為自己的問題，將大眾之苦視為自身之苦，將大眾之樂視為自身之樂。白天工作，維持社會的運作，夜晚深入內心發掘自己的方式來尋找真理，並以自己的方式來表達對真理的描述，回饋社會，讓更多人種下趨向覺悟的種子。

人若能覺悟，與一般世人便有所區別，因接觸真知真見，一切對真理的描述都是來自於真理，故一切言語都是為真理發言，脫離一切二元之有限性，且是平等的。

對真理的描述，不僅能使未覺悟的人有所體悟而走上覺悟之路，也能使其他已然覺悟的人內心歡喜，對覺悟之境界的信心不減、願力不減、層次不減。

在覺悟的社會，犯罪將會極大幅度地降低，因眾人皆在自省內心，絕不侵犯他人利益。

生活質量推至巔峰，於犯罪率極低的社會中，人於街上心中亦無絲毫恐懼，可自由出入各個地區，運用所有社會資源，來完成心中所願。

精神世界推至巔峰，覺悟的人可自證自悟，自己既是學生，亦是老師，一切智慧，皆從心中來，懂得運用各種方法幫助自己滅苦解難，消除內心的矛盾，一切看破放下的過程皆由自己一力承擔，並將自身所得分享於眾，使得社會上，無論文字、音樂、舞蹈、電影所呈現的方式皆由真理而來，處處皆顯無窮無盡的智慧。

如此，人人互助的精神世界，將是一個近乎完美的良性循環。

物質世界推至巔峰，每個人都能自由運用一切資源，突破了原本以知識為主的限制，能發揮自身無限的潛能與創造力，去作種種方便於世人的研究。

每個潛在的科學家、數學家，各種領域的頂尖人士，皆能有無限的時間與空間，沉醉於自己獨特的領域中，作出寶貴的貢獻。

每個領域的頂尖人士深知教學亦為圓滿自身知識的重要渠道，故所有求學者皆不缺老師，老師亦不缺學生，學生與老師互取所需、互補所缺，長久配合，以至雙方心意相通，合作無間。

覺悟的世界，能更快地促成一切事。

兩個覺悟的人，想法大致相同，一切作為，只為世界更和諧、和平。且能輕易以心交流，故能輕易明白對方的思想，亦因站在對方的角度思考而很快地達成共識。若當所有的覺悟之人圍在一起，人人無私付出，無利益可圖，目標迅速達成一致，能極快地分工合作，互相體恤著他人的思緒，能力較強的人主動擔當更多的事情做，能力較弱的人也不斷地處理各種瑣事，時刻填補缺失，每個人各司其職，氣氛十分和諧，團隊幹勁十足。

如此，覺悟者的世界，無論在一切層面上均不斷地趨向於完美，故能接近於永恆地發展。

覺悟的教育

要想過著全民覺悟的生活可真是難上加難，那必須要有一整套覺悟的教育，這教育若能普及，天國不遠，但其開頭卻是幾乎為不可能的事。初期，它是因緣而成的教育，即使一直發展下去，也難以被世人所「接受」，因為它跟利益相反，跟慾望相反，跟現今的教育也是相反的，但這種教育能帶來幸福人生及使人成才。

香港的教育體系中有一個盲點，一個老師，只負責教授知識，不負責化解學生內心的各種煩惱與矛盾，原因是老師自己本身也只有知識。

這種教育算不上是一種教育，類似於知識的傳遞者，如果是知識的傳遞，幾乎所有獲取知識的渠道都能做到這一點，只要一個學生苦下功夫，在自己所感興趣的範圍內不斷地學習及總結，他的知識程度也能不下於任何一個大學生。

一個香港的中學老師，需要教一大群不同程度的學生，無論他願不願意，這是他的工作，他獲得薪資，便需要教授知識。這些學生，來自不同的家庭背景，有著不同的經歷、不同的思想、不同的行為，心中的矛盾更是難以化解。

香港的繁華，讓學生已經不需要像個飢餓的野狼一般，瘋狂地去尋求溫飽。基本的溫飽解決了，但是在於香港的知識型經濟的到來，自己的成長像似已經註定了要走一條高學歷的路。高學歷是為了得到穩定薪資的工作，穩定的薪資為了掩蓋恐懼，為了掩蓋更大的恐懼，擁有樓房成了自欺欺人的藉口，讓自己的行為合理化，但恐懼卻一直都沒有消去。

這種固定且簡化的人生路線，充滿了煩惱、疑惑和壓力。

只是這些問題，早在中學的時候就必須要考慮到，加上家人的壓迫，中學生必須應付一切想出來的煩惱，而不是回歸內心，觀心尋求覺悟的道路，因此，每個中學生的內心總會有一些難以化解的煩惱和焦慮，而將這種不平衡發洩到電腦遊戲上。

如果說要了解一個人，只要看他處於最舒適的狀態時，會說什麼？做什麼？那便是他儲存於內心裡的矛盾，只不過他不再壓抑這種矛盾，如果有人跟他的問題相似，兩人更會堆在一起，互相地影響對方，這是二元內常見的現象。對於一個覺悟者，唯有時常憶念真我，以各種角度觀看真我的「樣貌」，無論行住坐臥都要尋那超越性的引導，才能足以不受影響。

未覺悟者的執著與覺悟者的解脫相比，便如同小學生與大學生之間的差距。未覺悟者搬出的煩惱想要將覺悟者拉至與自己一般的水平，便如同小學生質疑大學生的學識。

就譬如一個未覺悟者一直陷入了一個數學題之內，不理解「9＋9」是如何算出來的，為之而困擾卻又不去尋找答案，遇到煩惱時便呼天搶地、連聲叫苦，當他遇到一個覺悟者時，認為覺悟者不應該凡事都有解答之法，處處刁難著覺悟者，甚至把自己認為最難的問題搬出來，扔給他，問他：「9＋9你怎麼算？」

卻不知覺悟者只對如何證明「1＋1」來解決哥德巴赫猜想感興趣，對於其餘經已化解的煩惱並不放在心上，對於未覺悟者的挑戰，只有一臉的無奈，但因明白對方的層次不足以解決眼前的煩惱而生起同理心，故此會耐心地教導對方。

只是現在對於看破內心的煩惱，解決根本問題，或許也並非是各大中學的老師專長，準確點說，老師也要學習如何在五欲六塵中看到常在的真我。

這便像是兩個都不理解「9＋9」是如何算出來的人，卻互為師生，但學生畢業後，依然不理解「9＋9」是如何算出來的？

一個所謂完善的體系會讓人迷失方向且被動地生活，假設有一位學生，內心蘊藏著物理學家的潛力，中學時期便能自學物理且已遠遠超越中學所需水平，但又因追求未來生活安穩，尋找穩定的發展路線，入大學時，冒險讀金融系，讓自己的一身潛能沉入海底，錯過了發揮自身潛力的最佳時機，即是尚是無憂無慮的18－22歲這段時間。

但是這個問題很容易解決，即是入了大學也要知道，外在根本沒有完善的體系，這個對於任何人都是一樣的，因為每個人都是獨立的世界，在當今社會，想要生存並不難，但想要回歸內心，找到自己，則是難比登天，因為社會每一種聲音都會帶來不屬於自己內心的「價值觀」。

例如人生要買房買車，要賺大錢，要趁年輕去旅遊，要嘗盡各地美食，要不辜負人生，要盡情享受，要化妝，要美麗，要帥氣等等……

這一切的說法與覺悟完全相反，因為覺悟，是發現追求所帶來的苦，從而放下，得一種不可說的狀態，在這狀態內的喜悅是任何追求和煩惱都無法比擬的。

覺悟的教育，完全是另一種的教育方式，執行起來是一件非常困難且漫長的事，它需要全民的配合。但若從第一步開始，堅持執行下去，也是有可能實現的。

第一，欲求覺悟者必須心懷希望，相信覺悟之日必將於當下到來。

第二，欲求覺悟者可尋找另一位欲求覺悟者作為自己的導師或是學生，雙方互相分享與學習。

第三，這位導師必然是人生經驗豐富，本對世間事已有一套看法的導師。

第四，雙方應一周見一次，避免陷入過深的依賴與控制。

這種關係，非常持久，下可補上對知識與智慧的詮釋，上可補下對智慧的追求。但若一個人對著多個不同層次的學生，只會分散其注意力，除非他已覺悟。

唯一不持久的原因只有一個，就是學生認為煩惱大於解脫，徹底地迷失而不願再尋出路。

這種關係比學校教育持久，也能很好地掌控學生的心性，不至於放任自己。一旦有人於這種長期互助的關係中得益，開發了內心的良知，所有的思言行便也會隨之而改變。

不過，這種關係中，最無私的莫過於提供答案的導師，即上者，故改變是由上者開始，下者才能得益，且上者要不畏艱辛，無私付出，堅持不退。而若能鍛煉出這種忍辱的功力，對自己的裨益可謂是極大。

下者對上者亦要抱持絕對的尊重，而絕不輕慢，盡己所能學習上者的思維模式以及各種處理問題的智慧。

如此，人與人之間互相學習、互相調節，才能開始出現更大的改變。

發心智慧教學

社會一直進步，溫飽的問題已解決，國與國之間亦難發動核戰爭，唯一最根本的問題，還是煩惱與壓力不斷地出現。

自會有人發心要將智慧的教育融入學校教育中，從根上解決人內心的問題，便會引用各種無上的智慧，例如佛法、儒家、道德經等，再以極為淺顯易懂的方式，透過影片、電影、書籍等等呈現出來，使每個人皆能從中受益。

大同世界

待到每個人皆熟讀各種智慧的經典後，街上到處可見智慧的身影，人人深知內心藏有各種妄想分別執著，常內心省察自己的問題，並於外在的舉手投足間皆趨近道，因此文雅有禮，真誠心十足，不故作姿態。

人的思言行皆以心驅動，以心為主，使人間化為天堂，走向大同世界，眾人開悟，過著覺悟的生活。

第二十一章・一切皆空

覺悟的生活並非不可現，因為這種生活的關鍵只在於自己對內心的覺察，而不在於他人，將自己的執著都一片片剝去後，留下的是全然完整的智慧。

心靈深處，最微細的二元對立，到各種的成長，乃至於家庭、社會、國家、星球、宇宙。都有同樣的特點，便是有成住壞空的現象，先是不斷努力，後創造出成果，維持一段生活，後因生活不圓滿，又全數破壞，一切已無生機後，再次尋找機會重生，先是不斷努力⋯

人的成長就是如此不斷地重複，每個人都具有重複成長的特性，其實是二元內的普遍現象。卻也因為如此，只有有人的地方，便會有成住壞空的現象，只要有人觀測的地方，便會有成住壞空的現象。

簡化此過程，人生就像是經過努力得到了某些外在物質，某一天物質以各種方式離去了，又進而迷茫，然後不捨，然後執著，然後另尋道路，再努力、得到、失去、不捨、執著、另尋道路、努力。最終失去的現象便是發生在逝世前，逝世前的那一刻，一切都不可得，想留也留不住，不可以蠻力支撐，無論任何思想，都無法有後續，只能放下，既然生命的終點必然需要放下一切的執著，生前又何必擴張自己的執著而使自身無法放下呢？

人不斷地於外在尋求「永恆」的方法，存錢過活，保留著生存的希望，讓無明而來的恐懼不復起，卻因為無法察覺無明，難斷執著。這些過程都是不斷地重複又重複，從起點開始便註定會滅亡。從念頭一生起的那一刻便註定要放下。

努力是假的，創造是假的，維持是假的，不圓滿是假的，破壞是的。因為這都是全因不明真理實相而來的現象。無論你現在處於哪一種階段，都不需要真正地為了改空去努力，為了改空去創造，為了扶成去維持，為了反思去評論其好壞，為了不解去破壞，為了改空去努力。

我喜歡聖經中五餅二魚的故事，若是人因覺悟之路的引導而互相分享、互補互助，往往會滿載而歸。

第二十二章・放下自己

自己實由各種慾望、各種追求以及各種煩惱而成，五官以及自己的意念皆能使自己持續地被外在所吸引，而一再重蹈覆轍，日日夜夜做著同樣的事情，要麼就是嗔恨，要麼就是癡迷，要麼就是貪婪。

貪嗔癡過後，依然是貪嗔癡，從未改變，各種欲求連綿不斷、接踵而來，對外在的各種欲求，其實皆是大腦裡各種信息發生的作用，卻能使自己重複地跌入、沉迷，若能覺悟，便能不受其所限。

覺悟之人，不但能放下各種慾望、各種追求以及各種煩惱。也能自由嘗試各種慾望，再從中脫離；陷入煩惱中保持內心清淨；陷入混亂中，心卻始終不動，不被外境所動；刻意陷入極其深的煩惱，再以觀自性尋法轉為妙境。

如此不斷地提高層次，直至自身能於一切境界中始終如如不動。不生依賴於外在一切物的念頭，無為而為，隨緣而行。

覺悟語句：

「我即是你，你即是我。」

「煩惱即解脫。」

「沒有答案就是答案。」

「心即一切答案。」

「心的交流超越時間、空間。」

「心能感受一切。」

「所有人皆享於一心。」

「心變則人變，心通則人通。」

「破除心中疑惑，即解決他人問題。」

「你所做的，必是他人所需。」

「你便是你所見的、你所聞的。」

「沒有外在問題，只有內在問題。」

「念念皆是創造。」

「覺悟只是成為自己。」

「觀心即悟，觀他物即煩惱。」

「意念的影響力遠遠大於五官。」

「覺悟是清醒，煩惱是做夢，覺悟亦可入清醒夢。」

「覺悟瞬間消除無限的煩惱，瞬間使內心乾淨。」

「覺悟的心可消除凡心之污垢。」

「覺悟的遊戲便是智慧。」

覺悟

作　　者：王逸東
編　　輯：Annie
封面設計：Steve
排　　版：Leona
出　　版：博學出版社
地　　址：香港香港中環德輔道中 107-111 號
　　　　　余崇本行 12 樓 1203 室
出版直線：(852) 8114 3294
電　　話：(852) 8114 3292
傳　　真：(852) 3012 1586
網　　址：www.globalcpc.com
電　　郵：info@globalcpc.com
網上書店：http://www.hkonline2000.com
發　　行：聯合書刊物流有限公司
印　　刷：博學國際
國際書號：978-988-74229-2-1
出版日期：2020 年 2 月
定　　價：港幣 $68

Published and Printed in Hong Kong